AF309700

UNIVERSITÉ DE PARIS. — FACULTÉ DE DROIT

DE L'ORGANISATION

DES

SOCIÉTÉS CIVILES

DANS

LEURS RAPPORTS AVEC LES TIERS

THÈSE POUR LE DOCTORAT

PAR

Paul VANDERNOTTE

AVOCAT A LA COUR D'APPEL

PARIS

LIBRAIRIE NOUVELLE DE DROIT ET DE JURISPRUDENCE

ARTHUR ROUSSEAU, ÉDITEUR

14, RUE SOUFFLOT ET RUE TOULLIER, 13

1898

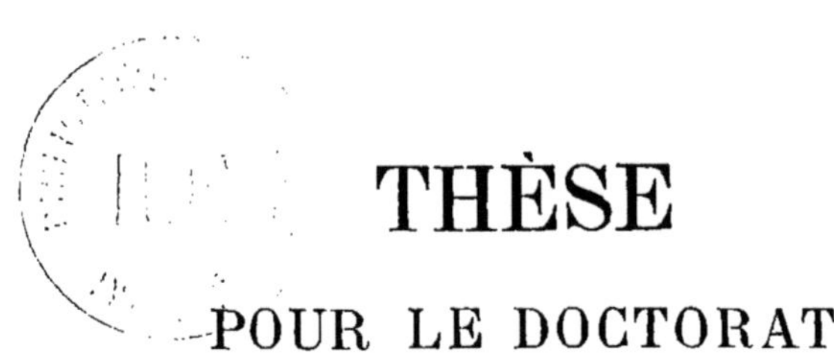

THÈSE

POUR LE DOCTORAT

A MON PÈRE

A MA MÈRE

DE L'ORGANISATION

DES

SOCIÉTÉS CIVILES

DANS

LEURS RAPPORTS AVEC LES TIERS

THÈSE POUR LE DOCTORAT

L'ACTE PUBLIC SUR LES MATIÈRES CI-APRÈS
Sera soutenu le mercredi 25 mai 1898, à 1 heure

PAR

Paul VANDERNOTTE

AVOCAT A LA COUR D'APPEL

Président : M. THALLER.
Suffragants : { MM. Léon MICHEL, *professeur.*
{ DESCHAMPS, *agrégé.*

PARIS

LIBRAIRIE NOUVELLE DE DROIT ET DE JURISPRUDENCE
ARTHUR ROUSSEAU, ÉDITEUR
14, RUE SOUFFLOT ET RUE TOULLIER, 13

1898

BIBLIOGRAPHIE

OUVRAGES GÉNÉRAUX.

Aubry et **Rau**. — Cours de Droit civil français, 5ᵉ édition, 1869, 8 vol. in-8. V. notamment, t. VI.

Boistel. — Précis du cours de droit commercial. Paris, 1884, 1 vol.

Boitard, Colmet-Daage et **Glasson**. — Leçons de procédure civile. Paris, 1885, 2 vol. in-8.

Cuq. — Institutions juridiques des Romains envisagées dans leurs rapports avec l'état social et avec les progrès de la jurisprudence. *L'ancien droit*. Paris, 1891, 1 vol. in-8.

Frémery. — Etudes de Droit commercial ou de Droit fondé sur la coutume des commerçants. Paris, 1833, 1 vol. in-8.

Garsonnet. — Traité théorique et pratique de procédure, organisation judiciaire, compétence et procédure en matière commerciale. Paris, 1882-1896, 7 vol. in-8.

Girard. — Manuel élémentaire de Droit romain, 2ᵉ édit. Paris, 1898, 1 vol. in-8.

Goldschmidt. — Handbuch des Handelsrechts, 3ᵒ édit. Stuttgart.

Guillouard. — Traité du contrat de société, 2ᵉ édit. Paris, 1892, 1 vol. in-8.

Hauriou. — Précis de Droit administratif, 3ᵉ édit. Paris, 1897, 1 vol. in-8.

Laurent. — Principes du Droit civil français. Paris-Bruxelles, 1878, 33 vol. in-8. V. notamment le tome X.

Lyon-Caen et **Renault**. — Traité de Droit commercial, 2ᵉ édit. Paris, 1889-1897, 7 vol. in-8.

Pothier. — Du contrat de société. Edition Bugnet. Paris, 1847.

Paul Pont. — Traité des sociétés civiles et commerciales, 2ᵉ édit. Paris, 1884.

Thaller. — Traité élémentaire de Droit commercial. Paris, 1898, 1 vol. in-8.

Troplong. — Du contrat de société civile et commerciale. Paris, 1843, 2 vol. in-8.

Vavasseur. — Traité des sociétés civiles et commerciales, 5e édit. 1897, 2 vol. in-8.

____

OUVRAGES SPÉCIAUX.

Adler. — Zur Entwicklungslehre und Dogmatik des Gesellschaftsrechts. Berlin, 1895, 1 vol. in-8.

Appert. — Des actes de commerce terrestre. Paris, 1897, 1 vol. in-8. Thèse Paris.

Bonnassieux. — Les grandes Compagnies de commerce. Etude pour servir à l'histoire de la colonisation. Paris, 1892, 1 vol. in-4.

Cassagnade. — De la personnalité des sociétés civiles et commerciales en Droit français. Paris, 1883, 1 vol. in-8. Thèse Paris.

Deloume. — Les manieurs d'argent à Rome. Les grandes Compagnies par actions. Le marché. Puissance des publicains et des banquiers, 2e édit. Paris, 1892, 1 vol. in-8.

Derecq. — Des sociétés civiles à formes commerciales. Paris, 1884, 1 vol. in-8. Thèse Paris.

Dreyfus. — Des sociétés à formes commerciales. Paris, 1887, 1 vol. in-8. Thèse Paris.

Endemann. — Studien in der rœmischen, Kanonistichen Wirthschaft und Rechtslehre bis gegen Ende des siebzehnten Jahrhunderts. Berlin, 1874, 2 vol. in-8.

Epinay. — Des associations sans but lucratif. Paris, 1897, 1 vol. in-8.

Esmein. — Etudes sur les contrats dans le très ancien droit français. Paris, 1883, 1 vol. in-8.

Gierke. — Die Genossenschafttheorie und die deutsche Rechtsprechung. Berlin, 1887, 1 vol. in-8.

Goudy. — De la personnalité juridique. Paris, 1896, 1 vol. in-8. Thèse Paris.

Ihering. — L'esprit du Droit romain dans les diverses phases de son développement traduit sur la 2e édition par de Meulenaere. Paris, 4 vol. in-8.

Lescœur. — Législation des sociétés commerciales en France et à l'étranger.

Mathieu et **Bourguignat**. — Commentaire de la loi de 1867 sur les sociétés par actions. Paris, 1868, 1 vol. in-8.

Silberschmidt. — Die Commenda in ihrer frühesten Entwicklung bis zum XIII Jahrhundert. Würtzburg, 1884, 1 vol. in-8.

Vauthier. — Etude sur les personnes morales dans le droit romain et dans le droit français. Bruxelles et Paris, 1887, 1 vol. in-8.

ARTICLES DE REVUES, NOTES DE JURISPRUDENCE.

Hauriou. — De la personnalité comme élément de la réalité sociale. *Revue générale de Droit, de Législation et de Jurisprudence,* 1898. Nᵒˢ de janvier-février, mars-avril.

Lacour. — Note sous Paris, 10 juillet 1894, Dalloz, 1895, 2, p. 105.

Labbé. — Note sous Cassation, 21 février 1883, Sirey, 1884.1.361.

Meynial. — Notes sous Cassation, 23 février 1891, Sirey, 1892.1.73; 2 mars 1892, Sirey, 1892.1.497.

Mongin. — Etude sur la situation juridique des associations dénuées de personnalité. *Revue critique de Législation et de Jurisprudence,* année 1890.

Naquet. — De la maxime que nul en France ne plaide par procureur si ce n'est le roi. *Revue critique de Législation et de Jurisprudence,* nouv. série, t. IV, année 1875.

Paul Pont. — Examen doctrinal de jurisprudence, à propos de l'arrêt de la Chambre des Requêtes du 21 février 1883. *Revue critique de Législation et de Jurisprudence,* 1884.

Saleilles. — Etude sur l'histoire des sociétés en commandite. *Annales de Droit commercial,* 1895 et 1897.

Thaller. — Note sous jugement du Tribunal civil de la Seine. *Annales de Droit commercial,* 1886-1887. 2. 76. — Etude sur les actes de commerce. *Même revue,* 1895, p. 177. — Transformation d'une ancienne société civile par actions en société commerciale et caractère des opérations d'une société de ce genre dans le droit actuel. *Même revue,* année 1894, p. 129.

Thiry. — Les sociétés civiles constituent-elles des personnes juridiques distinctes de celles des associés. *Revue critique de Législation et de Jurisprudence,* année 1854, 2ᵉ vol. — Des rapports existant dans les sociétés civiles entre les associés et les tiers. *Même revue,* année 1855.

Vivante. — Un Code unique des obligations. *Annales de Droit commercial,* 1893, p. 2.

Wahl. — Note *sous Paris,* 10 juillet 1894, Sirey, 1896, 2, p. 57.

DE

L'ORGANISATION DES SOCIÉTÉS CIVILES

DANS LEURS RAPPORTS AVEC LES TIERS

INTRODUCTION

Le Code civil, dans les articles 1832 et suivants, indique les règles générales auxquelles sont soumises toutes les sociétés, mais les dispositions qu'il leur consacre sont très courtes. Le législateur de 1804, suivant l'exemple de Pothier et du Droit romain, résout les questions que fait naître la vie d'une société à l'aide des principes de la copropriété et des obligations. Il laisse aux associés le soin de composer des statuts qui leur conviennent et ne leur propose aucun modèle.

Le Code de commerce agit autrement. Non content d'appliquer aux sociétés commerciales le régime des commerçants, de les soumettre à la nécessité de tenir une comptabilité, de les rendre passibles de la faillite et justiciables des tribunaux consulaires, il se préoccupe aussi du mode d'existence que la société peut avoir le désir d'adopter.

Il divise les sociétés en deux grandes catégories : les sociétés de personnes et les sociétés de capitaux. Dans les premières, comme leur nom l'indique, la considération de la personne est prépondérante. Les associés sont le plus souvent en petit nombre, le capital social est généralement peu important. Ce qui apparaît dans la société de ce genre, c'est surtout la personne des associés avec leurs qualités intellectuelles et les garanties qui résultent de leur loyauté et de leur fortune. Le Code organise la vie de ces sociétés d'une manière très simple et très logique. Les associés ont tous le pouvoir d'administrer et ils sont responsables des engagements sociaux sur tous leurs biens. Dans les sociétés de capitaux l'importance de l'associé disparaît. Le patrimoine social attire seul les regards. Il n'est plus possible de confier à chacun des actionnaires de pleins pouvoirs d'administration. Ils sont trop nombreux. Leurs mandataires assureront la marche de la société. Mais si les associés n'agissent plus directement, si leur personne reste au second plan, s'ils n'ont d'importance et de droits qu'en raison de leur apport, il est juste que leurs charges correspondent à leurs droits, et le tiers qui n'a pas connu l'associé quand il a contracté, qui n'a traité qu'en considération du patrimoine social, n'aura comme gage que ce seul patrimoine. La loi établit donc pour les sociétés de capitaux un mode d'administration, un système de responsabilité des associés qui dérivent du caractère même de ces sociétés. Le Droit commercial admet encore une troisième catégorie de sociétés d'une nature spéciale : les sociétés en commandite. Il nous est impossible de les caractériser en ce moment. Mais nous les étudierons avec un soin particulier dans le cours de notre étude.

Le Code civil n'a rien fait de semblable pour les sociétés civiles. Les associés ne sont pas forcés de prendre un type de statuts déterminé. Usant du principe de la liberté des conventions, ils peuvent ou se soumettre simplement au régime légal ou le modifier en adoptant des clauses qui ne sont pas contraires à l'ordre public. Boutteville disait dans son rapport au Tribunat, en parlant des dispositions du titre des sociétés : « Ces articles ne sont que l'application de principes très connus et déjà consacrés. Qu'est-ce en effet que la législation relative aux contrats ? Quelles règles peut-elle tracer ? Quelles obligations peut-elle imposer aux parties si ce n'est celles qui résultent de leur propre volonté ? Le but du législateur n'est-il pas toujours de les ramener à la loi qu'elles se sont faite, à la bonne foi qu'elles se doivent, etc. » (1). Et ailleurs, à propos de la gestion

____

(1) Fenet, t. XIV, p. 414.

des affaires sociales, il s'exprimait ainsi : « Quant à l'administration du fonds social, comment la sagesse du législateur peut et doit-elle intervenir sur ce point ? D'abord par la sage précaution d'avertir ici comme sur toute espèce de convention des inconvénients que le silence des contractants ne manque jamais d'entraîner ; en cherchant ensuite à prévoir les clauses les plus usitées ; enfin à suppléer par des règles générales aux lois que les intéressés ont toujours le droit et souvent seuls le moyen, mais que trop souvent aussi ils négligent de se dicter. »

Qu'on nous pardonne de débuter par des citations, en considération de l'importance qu'elles offrent pour nous. Boutteville nous présente les dispositions légales comme des règles écrites pour suppléer à la négligence des associés qui ne prennent pas la peine de rédiger des statuts. Mais il souhaite que comprenant exactement les besoins spéciaux que fait naître leur entreprise, ces associés adoptent les clauses qui lui conviennent le mieux, et par là il nous indique tout un plan.

Notre tâche sera de préciser quel est le régime légal. Nous rechercherons dans une première partie comment le Code a conçu l'organisation de la société civile dans ses rapports avec les tiers et dans une seconde partie nous nous demanderons dans quelle mesure la volonté des associés peut modifier la conception légale.

Mais avant de nous livrer à cette étude, il est nécessaire que nous indiquions comment la question que nous allons examiner a pu se poser, comment il se fait que nous ayons des sociétés civiles et des sociétés commerciales soumises en apparence au moins à un statut différent.

Nous essaierons donc dans un premier chapitre de constater les origines de cette distinction et les critériums divers qui, suivant les époques, servirent à classer les Sociétés.

Nous passerons ensuite à l'étude de la structure donnée par notre Code aux sociétés civiles.

CHAPITRE PRÉLIMINAIRE

DISTINCTION DES SOCIÉTÉS CIVILES ET DES SOCIÉTÉS COMMERCIALES

Cette distinction n'a pas toujours existé. A Rome elle était impossible pour cette raison décisive que les Romains ne connaissaient pas un droit spécial relatif au commerce. Entre personnes jouissant du *commercium*, c'est-à-dire du droit d'acquérir et de transmettre la propriété civile, ainsi que de devenir créancier ou débiteur par tous les modes civils (1) s'appliquaient les principes du *jus civile*. Entre pérégrins, ou entre citoyens et pérégrins s'appliquait le *jus gentium*. Mais chacune de ces branches ne se subdivisait pas en deux autres dont l'une aurait formé un droit spécial relatif au commerce. « Avec son droit civil aussi universel et flexible, avec son droit étudié dans les plus minimes détails, dominé par les principes les plus élevés de la morale et dont l'application était laissée à la plus libre appréciation du juge qui devait se laisser guider par la bonne foi des contractants, par les changeants usages

(1) V. Girard, *Manuel de Droit romain*, p. 103.

du commerce, par l'intention avérée des parties, il n'y avait ni place ni besoin d'un droit spécial relatif au commerce (1).

Mais le droit commercial prit naissance quand les commerçants s'agrégèrent en corporations. Celles-ci se nommèrent des consuls, se donnèrent des statuts et logiquement elles s'arrogèrent le droit de punir les inobservations à ces statuts, et de juger les contestations qui s'élevaient entre leurs membres. Dès règles furent posées de plus en plus nombreuses à raison de l'exercice de la profession. Les consuls furent, comme les préteurs antiques, des législateurs et des juges. Le droit commercial, droit d'exception, était né. La distinction des sociétés civiles et des sociétés commerciales allait devenir possible. Comment s'opéra-t-elle ?

On ne peut guère là-dessus que former des conjectures. Voici celle que nous proposons. Les commerçants étaient ceux qui étaient admis comme tels par la corporation et inscrits sur ses registres. Les membres de la corporation bénéficiaient seuls de la juridiction particulière, de la procédure et des statuts spéciaux qu'elle s'était donnés. Ceux qui n'y étaient pas affiliés restaient soumis aux principes du Droit commun. Si l'on applique ces constatations

____

(1) Goldschmidt, *Universalgeschichte*, p. 83-84, cité par Vivante, Un Code unique des obligations, *Annales de droit commercial*, 1893, p. 2.

aux sociétés, on doit logiquement décider que les
sociétés entre marchands pouvaient seules prétendre au régime commercial.

Des étrangers n'auraient eu aucune qualité pour
réclamer la juridiction du tribunal consulaire. Et
encore fallait-il, selon-nous, que la société formée
entre marchands fût officiellement connue par son
inscription sur les registres de la corporation, qu'elle
eût en quelque sorte son acte de naissance. Ces sociétés ainsi constituées, ainsi publiées furent soumises au droit du commerce. Elles seules attiraient
les regards et l'on s'habitua à les considérer comme
les sociétés par excellence. Les autres qu'on pourrait
qualifier de sociétés occultes, qui ne se manifestaient
pas par une raison sociale officiellement portée à la
connaissance des tiers, se virent appliquer un statut
tout différent. La société était un contrat. Le droit
romain qui était alors la législation fondamen
tale des contrats s'en empara tout naturellement et
la société non commerciale eut en partage ce droit
mort à tout jamais. C'est ce qui nous explique qu'à
la veille de la rédaction du Code civil, nous voyions
encore des jurisconsultes comme Pothier appliquer
à la société dite civile des règles d'un autre âge,
admissibles à Rome, mais qui étaient en opposition
manifeste avec les principes les plus certains de notre
Droit. Notre Droit français pouvait bien évoluer,
son évolution était sans influence sur la malheureuse

matière des sociétés civiles condamnées à rester ce qu'elles étaient à l'époque du Digeste. Nous aurons l'occasion de revenir sur cette constatation dans le cours de notre étude.

Malgré la formation d'un droit spécial relatif au commerce, la distinction des sociétés civiles et des sociétés commerciales aurait pu ne pas s'établir et certaines villes d'Italie ne la firent probablement pas. Il était nécessaire pour cela que le contrat de société fût commercial par lui-même, et c'est en effet ce qui se passe dans les villes du Nord de l'Italie, où l'on trouve énuméré dans presque tous les statuts, le contrat de société, parmi les actes commerciaux par eux-mêmes (1). Il fallait de plus que tous ceux qui entraient dans un contrat de société fussent réputés avoir l'intention de faire le commerce, fussent réputés commerçants (2).

Cette présomption était à la vérité très facile à admettre. Le banquier était déjà à cette époque réputé commerçant. L'union de plusieurs individus dans un but lucratif avait le caractère commercial et pouvait teinter de commercialité tous les actes qu'ils faisaient pour atteindre leur but. Et cette manière de voir n'aurait pas été singulière dans ces

(1) Statuts de Milan de 1541. Cf. Appert, *Actes de commerce terrestre*, p. 17.

(2) Notre expression est un peu trop compréhensive. Nous laissons de côté le commanditaire qui par le seul fait qu'il prête de l'argent ne peut devenir commerçant s'il ne l'est déjà d'autre part.

villes d'Italie où presque tout le monde était commerçant. On disait proverbialement au XVe siècle : *Genuensis est, erga mercator, valet consequentia.* « Le commerce répandu dans toutes les classes était comme le fonds de l'ordre social (1) ».

Néanmoins, même dans ces cités, où le droit commercial avait pris une si grande extension, même avec la présomption de commercialité qui se serait attachée à tous les actes de l'associé, on est forcé d'admettre qu'il y avait place encore pour des sociétés soumises à un régime autre que celui des commerçants pour cette raison que le droit commercial, malgré sa force et la généralité de ses applications, formait encore un droit d'exception. La présomption de commercialité ne pouvait s'appliquer qu'aux sociétés qui se comportaient comme des commerçants, qui faisaient inscrire leur raison sociale sur les registres de la corporation. Si elles ne remplissaient pas cette formalité, leurs associés pouvaient bien être justiciables des tribunaux consulaires à raison du contrat de société qu'ils avaient conclu, de même qu'à cette époque ceux qui avaient fait un contrat de transport relevaient de la juridiction du consul, mais le droit commercial ne connaissait pas les actes qu'ils avaient accomplis dans la suite en qualité d'associés, pas plus qu'il ne se préoccupait des actes pas-

---

(1) Frémery, *Études de droit commercial.*

sés dans la suite par ceux qui auraient fait un seul contrat de transport. A ces sociétés occultes restait applicable le droit commun, c'est-à-dire le droit romain. Quoi qu'il en soit, les mêmes raisons de doute n'existent pas pour la France où le commerce ne prit jamais l'extension qu'il eut en Italie, où le droit commercial conserva toujours nettement son caractère de droit d'exception. La distinction de nos deux classes de sociétés fut établie comme nous l'indiquions plus haut. Etaient commerciales les sociétés formées entre marchands. Cette base de distinction ne conserva d'ailleurs pas longtemps la même fermeté. La notion subjective de la commercialité devait en effet être bientôt ébranlée par la notion objective (1). Dans l'ordonnance de 1673 on soumet à la juridiction consulaire une quantité d'opérations telles que les affrétements, les assurances, les lettres de change, quelle que soit la personne qui les traite, et Jousse commentant l'ordonnance disait : « Les bourgeois et autres qui ne sont ni marchands, même les officiers qui se mêlent d'acheter et de revendre sont réputés marchands quoi qu'ils ne fassent le commerce qu'en passant. »

Pour arriver à la théorie de notre Code, il n'y avait plus qu'un pas à faire, c'était de déclarer marchands tous ceux qui feraient profession d'accomplir

____

(1) Vivante, *Annales de droit commercial,* 1893, *op. cit.,* p. 5 et note 7.

des actes de commerce. La nature de l'acte déciderait du caractère de la profession et à son tour celle-ci réagirait sur les opérations accessoires et les colorerait de commercialité. Tous les actes du commerçant seraient réputés faits à propos de son commerce, à moins de preuve contraire.

C'est la théorie contenue dans l'article 1er et dans les articles 631 et 632. Il paraît logique et nécessaire de l'appliquer aux sociétés. Une doctrine différente a pourtant longtemps prévalu. On croyait que le caractère d'une société provenait de la forme qu'elle avait adoptée. Si elle se présentait comme revêtue du manteau commercial, elle était réputée commerciale. On n'avait pas égard à la nature des actes qu'elle faisait. Cette théorie n'était pas absurde. Elle renouvelait en somme celle de l'ancien régime et elle a été reprise par la loi du 1er août 1893. Mais elle ne pouvait être admise dans le système du Code. « Il en est d'une société comme d'un individu. Ses dehors n'ont pas d'action sur sa nature juridique et sur la catégorie dont elle dépend. Si le commerçant est celui qui exerce professionnellement des actes de commerce sans égard aux apparences dont il s'environne, il y a parité de situation pour les sociétés. La société de commerce est celle qui poursuit des opérations commerciales dans des conditions semblables. Toute autre société est civile (1). » Nous savons donc mainte-

---

(1) Thaller, *Traité de Droit commercial*, p. 124, n° 168.

nant à quelles sociétés se rapporte notre étude et nous pouvons immédiatement, dans une première partie, aborder l'examen du régime auquel le Code les a soumis dans leurs rapports avec les tiers et rechercher dans une seconde partie les différentes modifications que les associés peuvent faire subir à ce régime légal.

PREMIÈRE PARTIE

RÉGIME LÉGAL DES SOCIÉTÉS CIVILES DANS LEURS RAPPORTS AVEC LES TIERS A DÉFAUT DE STATUTS.

L'article 1832 donne du contrat de société une définition importante qui nous servira pour le choix de notre plan.

Par le contrat de société, plusieurs personnes mettent quelque chose en commun pour se partager les bénéfices qui pourront en résulter.

Cet article nous indique tout d'abord l'effet direct et nécessaire du contrat : la formation d'un capital commun. Il exige en outre que les associés aient l'intention de mettre en valeur ce capital pour réaliser des bénéfices. Le but de toute société est donc d'avoir un patrimoine et de l'augmenter.

Le Code se trace ainsi tout un programme pour l'étude qu'il va faire du contrat de société. Il devra rechercher quelle est la condition du patrimoine social, à quels risques il est soumis au milieu des opérations qui sont faites pour son accroissement, quel sera son rôle dans la production des gains. Et d'autre part, puisque ce sont les associés qui ont la volonté d'acquérir ces gains, comment agiront-ils ? Interviendront-ils personnellement dans la gestion des affaires sociales ou donneront-ils le droit d'agir pour eux. Quel sera le mode d'administration employé ? — Mais ce n'est pas tout.

Par ces actes, la personne des associés est engagée envers les tiers. Il y aura donc à rechercher l'étendue de cet engagement et les modifications que les associés peuvent y apporter.

On conçoit ainsi trois chapitres spéciaux dans l'étude des rapports d'une société civile avec les tiers :

L'un concernerait la condition du patrimoine social vis-à-vis des tiers.

Le second aurait trait à l'administration de la société.

Le troisième comprendrait l'étude de la responsabilité des associés.

Mais il faut faire plus. Une question domine les autres. On doit se demander, quoique le Code ne l'ait pas fait, tout au moins d'une manière évidente, si la société n'est pas une personne, si par cela seul qu'un contrat de société est formé, un être juridique ne prend pas naissance.

La jurisprudence depuis 1891 admet la personnalité des sociétés civiles. Auparavant un parti important dans la doctrine acceptait cette manière de voir qu'avaient déjà consacrée les arrêts dans la première moitié du siècle.

Nous ne pouvons donc passer sous silence cette

importante question. Elle offre un intérêt théorique de premier ordre et précisément le but de notre étude est de rechercher quels moyens a employés le Code pour permettre à la société de vivre au milieu de l'enchevêtrement des intérêts communs et individuels des associés, devant les exigences qu'amènent les rapports de la société avec les tiers.

La question présente aussi des intérêts pratiques considérables.

Si la société civile est une personne, le patrimoine social lui appartient. Il n'est plus la propriété des associés. La condition juridique de ce patrimoine est alors facile à définir. Il est exclusivement affecté au paiement des créanciers sociaux, de même que les biens de tout débiteur sont affectés au paiement de ses créanciers.

Si nous décidons au contraire que la société civile n'est pas une personne, pour arriver au même résultat, pour accorder un droit de préférence aux créanciers sociaux sur les biens de la société, nous devons nous appuyer sur d'autres principes dont il faudra constater l'existence.

Autre intérêt : la société est-elle personne morale, le droit de l'associé est forcément mobilier, car la société possède les immeubles sociaux. L'associé n'ayant droit qu'à des bénéfices ou au partage, son droit est mobilier.

Si l'on adopte une autre solution, les associés possèdent indivisément les immeubles sociaux et la nature de leur droit n'est plus aussi évidemment mobilière. Il faut alors le caractériser à l'aide d'autres considérations (1).

D'autres intérêts devraient encore être signalés. Mais ce n'est pas le lieu de le faire ici. Il nous suffit de constater que la question de la personnalité des sociétés est primordiale et doit être discutée tout d'abord, puisque la solution que nous adopterons commandera le reste de notre étude.

Nous aurons donc un premier chapitre qui traitera de la personnalité des sociétés civiles. Si nous décidons qu'elles ne sont pas personnes morales, nous aurons à rechercher dans un second chapitre quel est le véritable régime légal de nos sociétés considérées dans leurs rapports avec les tiers. Ce chapitre se subdivisera tout naturellement alors en trois sections qui traiteront du régime du patrimoine social, de l'administration et de la responsabilité des associés.

(1) La question offre de l'importance. Si l'on décide que le droit de l'associé n'est pas mobilier, mais qu'il a autant de droits qu'il existe de biens dans la société, si l'un des associés meurt laissant un légataire des meubles et un légataire des immeubles, le droit de chacun sera subordonné aux résultats du partage. De même, si l'un des associés se marie sous le régime de la communauté légale, sa part tombera dans la communauté suivant qu'elle portera sur des meubles ou des immeubles.

CHAPITRE PREMIER

DE LA PERSONNALITÉ DES SOCIÉTÉS CIVILES.

Deux théories se partagent le monde juridique à propos de la personnalité des associations.

Les partisans d'une première théorie considèrent que l'association existe réellement, comme être distinct des individus qui la composent, qu'elle est un organisme vivant, avec une volonté propre (1). Les autres pensent au contraire que dans l'association on ne peut voir qu'une addition d'individus groupés dans un but commun. S'ils accordent la personnalité à ce groupement, c'est uniquement pour des raisons pratiques, pour permettre à ses membres d'atteindre plus commodément le but qu'ils se sont proposé. Mais ces jurisconsultes proclament que cette per-

(1) **V.** Gierke, *Genossenschafttheorie* ; Zitelmann, *Begriff und Wesen der sogenannten juristichen Personen* ; Meurer, *Begriff und Eigenthümer der heiligen Sachen, zugleich eine Revision der Lehre von der juristichen Personen*, p. 48, 49 et suiv. ; Epinay, *Des associations sans but lucratif* (V. notamment la conclusion) ; Hauriou, *Précis de Droit administratif*, p. 124 et suiv. ; Michoud, *De la responsabilité de l'Etat à raison des fautes de ses agents, Revue du Droit public*, mai-juin 1895. *Adde* : le tout récent article de M. Hauriou dans la *Revue générale de Droit et de Jurisprudence*, année 1898, numéros de janvier-février, mars-avril : De la personnalité comme élément de la réalité sociale.

sonnalité n'existe pas réellement, qu'elle n'est qu'une fiction utile (1).

Nous n'avons pas actuellement à prendre parti dans la discussion. Notre tâche est plus modeste. Elle se borne à rechercher quel fut le système admis par notre Code pour les sociétés civiles.

Aucun texte formel n'établit la personnalité des sociétés civiles. Ce texte n'est pas nécessaire, si on peut établir qu'au moment où fut rédigé le Code on admettait la personnalité réelle des sociétés civiles. Il suffirait alors que certains articles fissent supposer qu'on n'avait pas voulu enlever à ces sociétés le régime dont elles jouissaient avant la codification, pour que ce régime leur fût conservé.

On doit même dire plus. Si en 1804, cette théorie dont nous parlons avait été constante, un texte était nécessaire pour enlever à nos sociétés civiles la personnalité dont elles jouissaient ; de même qu'un

(1) V. Laband, *Das Staatrecht des deutschen Reichs*, 1ᵉʳ volume, p. 85, note 1. L'auteur critique la théorie de Gierke et déclare que le droit n'est qu'une création de la volonté. L'association n'existe pas comme être réel. Elle n'est que l'addition de personnalités humaines sous des liens que ces personnalités s'imposent. Laband renvoie à son article paru dans la *Zeitschrift für das gesammte Handelsrecht*, 30ᵉ volume, 1885.

V. aussi : Adler, *Zur Entwicklungslehre und Dogmatik des Gesellschaftsrechts*, p. 85, 86 et suivantes.

Presque tous les auteurs français qui se sont occupés des associations admettent cette théorie de la fiction de la personnalité. La théorie contraire n'a commencé à pénétrer chez nous qu'avec les auteurs que nous avons cités à la note précédente. Nous ne nous plaçons évidemment ici qu'au point de vue législatif.

texte aurait été nécessaire pour enlever à l'homme tout ou partie de sa capacité.

D'ailleurs les articles qui pourraient nous laisser croire que le Code a admis cette théorie de la personnalité réelle, ces articles existent et ce sont précisément ceux sur lesquels la jurisprudence s'appuie pour fonder la théorie de la personnalité fictive des sociétés.

La jurisprudence nous dit en effet que le Code nous présente constamment la société comme une personne dans les articles 1848, 1849 et suivants. Cette constatation suffirait pour établir que le Code a entendu formellement maintenir la théorie ancienne, si cette théorie était conforme au droit commun, s'il était reconnu en 1804 que l'association était une personne comparable à l'homme, apte par sa nature même à être sujet de droits.

Mais il semble bien difficile d'admettre qu'il en fut ainsi devant les expressions employées par les jurisconsultes d'alors. Ainsi, le Tribunal d'appel de Rouen, après avoir dit que la personnalité dérive de la nature des sociétés, déclare que cette personnalité est fictive. Voici d'ailleurs les termes exacts des observations présentées par ce Tribunal : « Nous observons au surplus qu'on a omis un des premiers principes qui dérivent de la nature des sociétés ; ce principe est que la société forme une personne fictive et morale séparée des associés » (1). Nous aurons d'ailleurs l'occasion de démontrer plus loin que si l'on accordait alors la personnalité à certaines sociétés privilégiées, on était loin de reconnaître le même caractère aux sociétés civiles ordinaires.

Peut-être nous reprochera-t-on d'avoir une méthode d'interprétation trop étroite. On nous dira que pour interpréter un Code, il ne faut pas se placer uniquement à l'époque où il fut rédigé, que l'on doit aussi tenir compte du progrès juridique et se placer au moment où l'on subit les dispositions de ce Code. Nous sommes pleinement de cet avis. Sans admettre que l'usage peut abolir une loi impérative, nous pensons qu'une loi peut changer de caractère suivant l'évolution juridique. Ceux qui pourraient l'abroger ou la modifier, par ce seul fait qu'ils la maintiennent ont le droit de l'interpréter. La loi demeure, mais son sens est variable et progresse.

Pour savoir si notre Code est favorable à la théorie de la personnalité réelle des sociétés civiles, nous devons donc rechercher si les idées actuelles sont en faveur de la personnalité réelle de telle façon que si un Code nouveau était aujourd'hui rédigé, ce principe y serait ou inscrit ou sous-entendu.

La question ainsi posée comporte une réponse nette. Nous l'avons dit déjà (V. note 2 dans ce même

____

(1) Fenet, V, p. 544.

chapitre) la théorie de la personnalité réelle n'est pas encore généralisée chez nous.

La très grande majorité des jurisconsultes admet encore que les associations ne peuvent être que des personnes fictives.

Dans ces conditions, nous devons décider que, dans l'état de nos textes, avec les idées qui ont cours en ce moment, les sociétés civiles ne sont pas légalement des personnes réelles.

Sont-elles des personnes fictives ? Pour leur reconnaître ce caractère, il est nécessaire que nous trouvions un texte qui le leur confère, car en 1804 comme aujourd'hui on était d'accord pour décider qu'une fiction ne peut être établie que par une disposition formelle de la loi. Or ce texte formel n'existe pas. Une interprétation rigoureuse nous conduirait donc à déclarer que la personnalité des sociétés civiles n'est pas consacrée par le législateur.

Mais on nous objecte que des articles du Code supposent qu'elle existe, car ils ne peuvent s'expliquer que si l'on admet la personnalité des sociétés civiles. On ajoute que le Code n'avait pas à leur reconnaître ce bénéfice d'une manière expresse, parce qu'au moment où il fut rédigé on admettait la personnalité de toutes les sociétés et que c'était le résultat d'une tradition constante, qui tire ses origines du droit romain et s'est perpétuée durant tout notre ancien droit.

Nous ne pouvons néanmoins accepter cette théorie. Tous les arguments qu'elle invoque se retournent contre elle. Examinons-les un à un et cherchons d'abord quelles furent les idées romaines sur le point qui nous occupe, quelles ont été les solutions admises par notre ancien droit, nous pourrons ainsi connaître mieux quelle était la théorie dominante en 1804.

On prétend que le droit romain accordait à toutes les sociétés sans distinction la personnalité morale(1). Et l'on s'appuie sur des textes qui nous présentent la société comme un corps.

La loi 22, D. *de fidejussoribus et mandatoribus*, L. 46, t. 1, s'exprime en effet ainsi : « Mortuo reo promittendi et ante aditam hereditatem fidejussor accipi potest, quia hereditas *personæ vice fungitur*, sicuti municipium, et decurio, et *societas*. »

De même la loi 3, § 4, D. *de bonorum possessionibus*, L. 37, t. 1.

« A municipibus et *societatibus* et decuriis et corporibus bonorum possessio agnosci potest. »

Voici ce que dit M. Troplong à propos de la loi 22 : « De même qu'un *municipe* absorbe dans son être abstrait les individus dont il se compose, de

---

(1) Il ne s'agit pas ici de la distinction entre sociétés civiles et sociétés commerciales qui ne connaissait pas le droit romain.

Il ne classait les sociétés qu'au point de vue de leur importance, les unes étaient des sociétés de capitaux (sociétés vectigaliennes, salinières, minières), les autres étaient des sociétés de personnes.

même une société est, dans ses rapports intérieurs et extérieurs, une personne morale qui éclipse les associés qui la forment. »

Mais à ces textes on peut en opposer d'autres qui sont décisifs. C'est par exemple la loi 1re *Quod cujuscumque universitatis*(1), D. L. 3, t. 4. Elle nous dit d'une manière formelle que les sociétés ne forment pas des corps en vertu de la seule volonté des associés. Le bénéfice de la personnalité morale n'existe qu'à titre d'exception pour certaines associations privilégiées, telles que les sociétés *de publicains*, les sociétés établies pour l'exploitation des salines, des mines d'or ou d'argent. Quelles sont les raisons de cette différence? M. Vauthier, dans son *Etude sur les personnes morales*, nous indique que l'attribution de la personnalité fut faite aux collèges à l'exemple de la cité, et qu'elle fut faite aux grandes sociétés à

(1) Voici le texte de cette loi : « Neque societas, neque collegium, neque hujusmodi corpus passim omnibus haberi conceditur : nam et legibus, et senatusconsultis, et principalibus constitutionibus ea res coercetur. Paucis admodum in causis concessa sunt hujusmodi corpora, ut ecce vectigalium publicorum sociis permissum est corpus habere, vel auri fodinarum, vel argenti fodinarum, et salinarum. Item collegia Romæ certa sunt, quorum corpus senatusconsultis atque constitutionibus principalibus confirmatum est, veluti pistorum et quorumdam aliorum et naviculariorum qui et in provinciis sunt. § 1. Quibus autem permissum est corpus habere collegii, societatis, sive cujusque alterius eorum nomine, proprium est ad exemplum reipublicæ habere res communes, arcam communem, et actorem sive syndicum per quem tanquam in republica quod communiter agi fierique oporteat, agatur, fiat. »

l'exemple des collèges (1). On soutient aussi communément que les grandes sociétés étaient personnes morales à raison de leur caractère public. Créées pour percevoir les impôts, exploiter les mines, remplaçant l'Etat dans son rôle, elles devaient être organisées comme lui.

Ces idées contiennent toutes une part de vérité, mais, à notre sens, le motif principal de la distinction doit être cherché ailleurs. Si les grandes associations possèdent la personnalité, c'est surtout par suite de considérations pratiques, parce qu'il semblait impossible qu'il en fût autrement. Quand elles contractent par l'intermédiaire de leurs représentants, on ne voit pas le résultat des contrats se produire dans la personne des individus qui les composent. Les tiers ont conscience de traiter avec une collectivité, ils ne connaissent pas les associés trop nombreux (2). C'est la collectivité qui pour eux devient créancière, débitrice, propriétaire. Elle seule apparaît à l'extérieur, elle seule frappe les regards. Dans les petites sociétés, dans les sociétés de personnes, il en est tout différemment. Les tiers traitent avec des individus, en considération de leur

---

(1) Vauthier, *Etude sur les personnes morales*, p. 10, p. 41.

(2) V. Deloume, *Les manieurs d'argent à Rome*, p. 120. On trouvera dans cet excellent ouvrage des détails intéressants sur l'organisation des sociétés de publicains que l'auteur considère comme des commandites par actions.

personne, de leur fortune. Il n'y a aucune raison de les regarder comme faisant partie d'un corps (1).

La différence de régime que nous indique la loi 1re *Quod cujuscumque* peut donc très bien se comprendre.

Mais reste alors à expliquer les lois 22, *De fidejussoribus* et la loi 3, § 4, *de bonorum possessionibus*, qui nous disent que la société est un corps. Pothier dans ses *Pandectes* les expliquait par cette annotation : *Id est sodalitium, collegium, universitas*, c'est-à-dire, dit M. Thiry, non pas toute société indistinctement, mais celles qui sont des collèges, des universités, des *sodalitia* (2).

La personnalité des sociétés n'était donc reconnue à Rome qu'à titre exceptionnel.

La conception a-t-elle changé depuis. Au premier abord il semble bien que oui, quand on lit des textes tels que celui de Straccha : *Societas est corpus mysticum ex pluribus nominibus conflatum* (3). A cette

______

(1) Cette manière de voir semble être celle de M. Vauthier, *op. cit.*, p. 45, qui s'exprime ainsi : « Cette société vectigalienne nous montre une fois de plus que les Romains, en construisant la notion de la personnalité morale, obéissaient à des nécessités pratiques et ne s'inspiraient pas d'un principe idéal inscrit d'avance dans leur pensée. »

(2) Thiry, Les Sociétés civiles constituent-elles des personnes juridiques, distinctes de celles des associés ? *Revue critique de législation et de jurisprudence*, année 1854, t. 5, p. 428.

(3) Straccha, *De mercatura*, Décisions de la Note de Gênes, Décision 4, n° 10.

époque la distinction des sociétés civiles et des sociétés commerciales existait. Or comme Straccha s'exprime en termes généraux, sa décision, dira-t-on, s'applique aux unes et aux autres.

Nous ne le pensons pas. On pourrait tenter d'écarter l'objection en disant avec Goldschmidt que l'expression *corpus mysticum* se réfère uniquement à la raison sociale, qu'elle représente la synthèse des noms des associés dans la raison sociale et qu'elle ne vise pas la personne créée par l'association d'individus groupés dans un but (1). Mais le reste de la phrase de Straccha montre qu'il veut parler du corps formé par l'association des capitaux, des personnes et qui se manifeste extérieurement par la raison sociale. D'ailleurs on constate que l'expression *corpus mysticum* est constamment employée à cette époque pour désigner une entité composée, organisée. C'est ainsi qu'on s'en sert pour dénommer le saint Empire Romain germanique. Limnœus dit : *Imperator caput est imperii, principes imperii membra, imperium est corpus mysticum* (2).

Abandonnant l'explication de Goldschmidt, nous dirons que le texte de Straccha, visait uniquement les sociétés commerciales. Ces sociétés étaient vrai-

(1) Goldschmidt, *Handbuch des Handelsrechts*, t. 1.
(2) V. Johannus Limnœus : juris publici imperii Romano-Germanici libri IX, cité par Rehm dans le *Handbuch* de Marquardsen, t. 3, de l'*Introduction*, p. 204 et suiv.

semblablement les seules qui se servissent d'une raison sociale. Elles manifestaient officiellement leur existence aux tiers par l'insertion de leur nom commercial sur les registres de la corporation. Les tiers qui contractaient avec elles devaient, sur la foi de leur raison sociale, s'attendre à ce que le droit commercial leur fût appliqué, et les sociétés civiles, celles qui étaient soumises au droit romain, n'auraient pu, sans tromper les tiers, se présenter à eux comme des sociétés commerciales.

Ainsi donc, la phrase de Straccha, sur laquelle la plupart des partisans de la personnalité civile bâtissent leur théorie, doit être écartée du débat.

Il ne nous reste plus qu'à montrer qu'elle ne peut s'appuyer sur d'autres autorités plus modernes.

Dans l'ancien droit, et vraisemblablement sous l'influence des légistes, car au moyen âge il paraît en avoir été autrement (1), la personnalité dépendait d'une concession du prince.

Ferrière disait : « On a toujours tenu pour maxime indubitable que personne ne peut établir aucune congrégation, corps, collège, communauté, soit pour la religion, soit pour la police civile sans la permission du prince. On ne peut donc pas s'assembler pour

____

(1) Nous pensons qu'au moyen âge on admit la théorie de la personnalité réelle des associations.

faire corps de communauté sans congé et lettres du roi (1) ».

Loysel s'exprime de la même façon (2). Domat pose le même principe (3). On nous objectera que leurs observations ne concernent pas les sociétés, mais on doit avouer qu'elles prennent une singulière valeur quand on étudie les ouvrages des auteurs qui ont traité spécialement du contrat de société.

Qu'on se reporte par exemple aux ouvrages de Pothier. Dans son *Traité des personnes*, il ne nous parle pas des sociétés. Dans son *Traité des sociétés* il ne nous les représente pas comme des personnes. Il nous dit au contraire que les associés sont copropriétaires des biens sociaux (4), ce qui semble exclure l'admission de la personnalité de la société. Les grandes Compagnies étaient seules personnes morales. « Leurs entreprises avaient un caractère éminemment politique ; il s'agissait de conquérir et de coloniser des plages lointaines, de fonder une nouvelle France, de ne pas laisser les ennemis s'approprier la mer (5) ».

(1) Les ghildes, les hanses par cela seul qu'elles étaient organisées avaient les mêmes aptitudes juridiques qu'une personne physique. Si les auteurs tels que Domat, Loysel, Ferrière éprouvent tous le besoin de proclamer que les associations ne bénéficient de la personnalité qu'en vertu d'une concession du prince, c'est que ce principe était nouveau et qu'en un temps peu éloigné la vie juridique de ces associations échappait au pouvoir de l'État.

(2) Loysel, *Institutes coutumières*, livre III, titre III, règle 22.

(3) Domat, *Le Droit public*, livre I, titre V, section 1, n° I.

(4) Pothier, *Société*, n° 3.

(5) Lescœur, *Législation des sociétés commerciales en France et à l'étranger*, p. 15.

Comme les sociétés de publicains, de mines du droit romain, elles poursuivaient un but d'intérêt général. A l'exemple de l'Etat elles sont personnes morales. Et Pothier qui n'avait pas reconnu comme telles les sociétés d'intérêt privé déclare dans son *Traité des personnes* (n° 210, édit. Bugnet, t. 9, p. 78) « que les corps et communautés établis suivant les lois du royaume sont considérés dans l'Etat comme tenant lieu de personnes que ces corps sont des êtres distincts des personnes qui les composent ». Il exige qu'elles obtiennent l'autorisation royale pour avoir le *corpus* (1).

Il ne peut évidemment songer qu'aux associations d'intérêt public, sinon il aurait mentionné dans son *Traité des sociétés* le bénéfice important qu'il leur reconnaissait.

Notre opinion se fortifie encore si nous remarquons le même laconisme chez Domat et chez Savary. Dans le *Parfait négociant* aucun passage n'est consacré à la personnalité des sociétés. La seule conclusion possible c'est qu'on ne la leur accordait pas.

Pour en terminer avec l'ancien droit, constatons qu'on autorisa de nombreuses sociétés par actions d'intérêt privé et qu'elles furent aussi personnes morales, qu'elles continuèrent à avoir ce caractère sous les lois qui supprimèrent la nécessité de l'autorisa-

______

(1) Voir Meynial, note sous Cassation, 2 mars 1892, S. 92.1.497.

tion du gouvernement (1) et nous arrivons alors au Code civil.

Au moment de la rédaction, nous avions donc deux sortes de sociétés : les sociétés par actions, personnes morales et les sociétés par intérêts auxquelles on ne reconnaissait pas ce caractère. Dans la discussion au Conseil d'Etat, M. Bérenger le constatait et ajoutait que « ces entreprises qui ont la personnalité n'existent qu'en vertu d'une loi (2) ».

On ne peut donc prétendre qu'à l'époque de la discussion du Code, la doctrine dominante admettait la personnalité des sociétés.

Il faudrait donc, pour qu'on pût considérer cette théorie comme établie, trouver un article formel qui la reconnût. Et nous savons qu'il n'en existe pas. On invoque des textes qui, dit-on, ne peuvent s'expliquer que si l'on accorde aux sociétés civiles la personnalité morale. On s'appuie d'abord sur l'article 529.

Aux termes de cet article : « Sont meubles les actions ou intérêts dans les compagnies de finance, de commerce ou d'industrie, encore que des immeubles dépendants de ces entreprises appartiennent aux compagnies. » La formule est extrêmement large

(1) Loi du 2 mars 1791. Décret du 21 août 1793 exigeant pour leur formation l'autorisation du pouvoir législatif. — Loi du 30 brumaire an IV qui rend la liberté aux sociétés par actions. C. de comm. qui rétablit la nécessité de l'autorisation.

(2) Locré, t. 8, p. 36.

et l'on peut comprendre dans l'expression : compagnies d'industrie les compagnies civiles. Le législateur a groupé sous trois chefs les opérations que peut embrasser l'activité humaine. Il n'a pas entendu faire alors de classification des différentes sociétés. L'énumération des actes commerciaux n'a été donnée que plus tard et l'on reconnaît universellement aujourd'hui que le caractère d'une société se détermine par le caractère des actes qu'elle fait, civil ou commercial. Le Code, en choisissant une expression aussi compréhensive que celle qu'il emploie, a voulu appliquer l'article aux sociétés de toute espèce. D'ailleurs il se préoccupe de la nature du droit de tout associé, et cette préoccupation devait exister en matière civile comme en matière commerciale. Mais cet article 529 doit-il être interprété en ce sens qu'il constaterait une des conséquences de la personnalité des sociétés ? Pour le soutenir on invoque un passage du rapport de Goupil-Préfeln au tribunat. « Chacune de ces compagnies, dit-il, est une personne morale ... l'associé n'est pas propriétaire de sa portion de l'immeuble dont il ne peut user, mais de sa portion dans la valeur de cet immeuble (1). »

On peut répondre que l'interprétation ordinaire de l'article, donnée par les autres orateurs, est toute différente.

(1) Locré, *Législat. civile et com.*, t. 8, p. 65 *in fine*.

Savoye-Rollin, orateur du tribunat, laisse entendre que les associés sont propriétaires des immeubles de la société, mais que ceux-ci « sont convertis
en meubles pendant toute la durée de l'acte social (1) ».

Treilhard disait : « Les actions sont meubles....
parce que les bénéfices qu'elles procurent sont mobiliers. Et la règle est juste même quand les compagnies de commerce, de finance ou d'industrie ont
dû acquérir quelques immeubles pour l'exploitation
de leur entreprise. Cette entreprise est toujours le
principal objet de l'association dont l'immeuble n'est
que l'accessoire, et la qualité d'une chose ne peut être
déterminée que par la considération de son objet
principal (2). »

On le voit, l'explication de l'article n'est pas do-
minée par cette considération que la société serait
une personne morale.

Devant ces incertitudes, on doit déclarer que l'article 529 est insuffisant pour servir de base à la
théorie de la personnalité des sociétés (3).

Tout ce qu'on pourrait dire, c'est que les travaux
préparatoires sont favorables à l'admission de la personnalité des sociétés *par actions*. Tronchet déclare

---

(1) *Id.*, t. 8, p. 76.
(2) Fenet, t. 6, p. 37.
(3) On pourrait en dire tout autant à propos de l'article 69 du
Code de procédure sur lequel on fonde la théorie de la personnalité
des sociétés commerciales.

en effet que l'action ne rend pas copropriétaire des biens de la société et Bérenger constate que ces sociétés sont personnes morales (1). Si le Code n'a pas établi la personnalité de ces sociétés, il ne la leur a pas retirée, et l'on peut soutenir que les anciennes compagnies, les sociétés par actions nouvelles sont personnes morales (2).

Mais cette opinion, nous dira-t-on, se heurte à de graves objections. Si elle est vraie, les actions en justice devront être dirigées contre le représentant de la société et non contre tous les associés. C'est une conséquence directe de l'admission de la personnalité. Or l'article 69 du Code de procédure ne dispense de l'application de la règle : nul ne plaide par procureur, que les sociétés commerciales. Il semble résulter de cette omission des sociétés civiles, dans l'article, que les noms des associés doivent figurer dans tous les actes de procédure, ce qui ne serait pas nécessaire si ces sociétés étaient personnes morales.

Nous conservons cependant des doutes sur la portée de l'argument. Une simple prétérition est insuffisante pour enlever un droit, s'il est reconnu d'une autre manière. Mais il est néanmoins assez fort pour

----

(1) *Procès-verbal du Conseil d'Etat*, 20 vendémiaire an XII, Locré, t. 8, p. 36.

(2) Voir dans ce sens : Saleilles, *Etude sur l'histoire de la société en commandite*.

augmenter nos hésitations et nous empêcher de conclure avec certitude sur la personnalité des sociétés civiles par actions.

Peut-on s'appuyer sur d'autres textes du Code pour justifier la théorie de la jurisprudence ?

On le pense, et l'on invoque certains articles dans lesquels la société est représentée comme débitrice, créancière (art. 1845, 1846, 1847, 1848, 1850, etc.). Mais ces articles reçoivent une explication toute naturelle sans que l'on soit forcé d'admettre la personnalité des sociétés civiles. « Dans toute société, il peut y avoir opposition entre les intérêts individuels de chaque associé et les intérêts communs de tous les associés pris collectivement. C'est uniquement pour désigner ces intérêts communs que la loi se sert du mot société (1). »

On fait encore appel à l'article 1860, mais nous verrons dans le chapitre suivant que cet article s'explique par les principes de la copropriété, sans qu'il soit nécessaire d'admettre pour son interprétation la personnalité des sociétés civiles.

La théorie adverse n'a donc aucun texte sur lequel elle pourrait s'appuyer. Nous devons la rejeter et décider que les sociétés civiles ne sont pas des personnes morales.

Cette conclusion présente pour nous une très grande importance.

(1) Paul Pont, *Sociétés civiles et commerciales*, n° 126.

Si nous avions admis l'opinion contraire, il en résultait directement que le droit de l'associé était mobilier, puisque la société possédait les immeubles sociaux, il en résultait encore le droit de préférence des créanciers de la société sur les biens qu'elle possède, et la faculté pour les associés de n'être poursuivis en justice que dans la personne du gérant. Si nous voulons reconnaître à la société tous ces bénéfices, nous devrons les fonder sur d'autres principes et nous essaierons de le faire, dans le reste de notre étude.

CHAPITRE II

RECHERCHE DU RÉGIME AUQUEL LE CODE SOUMET LES SOCIÉTÉS CIVILES DANS LEURS RAPPORTS AVEC LES TIERS.

Puisque le Code n'admet pas la fiction de la personnalité des sociétés civiles avec toutes les conséquences qu'elle entraîne, nous sommes forcés de rechercher quel est le système admis par nos lois en ce qui concerne l'organisation de la société dans ses rapports avec les tiers.

Nous avons déjà indiqué que le contrat de société produisait des effets nécessaires. Il amène la création d'un patrimoine indivis. Mais cette masse commune, ce capital n'est qu'un moyen, un instrument dont se serviront les associés pour la production des gains. Il ne doit pas rester stagnant, mais être toujours en mouvement. Il sera constamment modifié par les actes des associés qui tendent à l'augmenter. En administrant ce patrimoine, ils passeront des contrats et engageront leur responsabilité.

Notre chapitre doit donc se diviser en trois sections relatives au régime légal du patrimoine social, à l'administration de la société et à la responsabilité des associés.

SECTION I. — Du patrimoine social. Son rôle
dans la production des gains.

Les auteurs qui ne reconnaissent pas aux sociétés civiles la personnalité morale se divisent en deux camps lorsqu'il s'agit d'établir la condition du patrimoine social.

Les uns le soumettent à un régime analogue à celui qui conférerait la personnalité. Il est affecté au but poursuivi ; il est le gage exclusif des créanciers sociaux.

D'autres pensent que les biens dont il se compose restent dans le patrimoine de chaque associé pour la part qu'il a dans la société, qu'ils sont le gage de ses créanciers, créanciers sociaux et créanciers purement personnels. Ceux-ci peuvent les saisir, à condition, s'il s'agit d'immeubles, d'avoir fait opérer préalablement le partage suivant l'article 2205. La convention de surseoir au partage jusqu'à la dissolution de la société que contient implicitement le contrat ne serait pas opposable aux tiers. Elle n'atteindrait pas les biens sociaux eux-mêmes et ne produirait que des obligations, elle ne créerait pas une charge s'analysant en un droit réel, en un démembrement *erga omnes* de la propriété de l'associé au profit de ses co-associés réu-

nis (1), mais n'établirait que des liens personnels.
Or les engagements d'une personne ne passent pas
à ses successeurs à titre particulier, ils ne passent
qu'à ses successeurs à titre universel. Les créanciers
personnels des associés, un acheteur, ne sont donc
pas forcés de respecter les conventions de surseoir
au partage. Ils pourront saisir les créances qui sont,
dit-on, divisées de plein droit en vertu de l'article 1220, saisir les meubles corporels pour la part
de leur débiteur en s'exposant à l'aléa du partage,
en s'exposant à voir leur saisie sans effet dans le cas
où le meuble tomberait dans le lot d'un autre communiste. Ils pourront enfin, s'il s'agit d'immeubles
indivis, provoquer le partage pour se payer sur la
part qui reviendra à leur débiteur.

Cette théorie rigoureuse pour les associés et pour
les créanciers sociaux est-elle exacte? Nous ne le
croyons pas.

Nous nous rallions à celle que nous avons men-
tionnée en premier lieu.

Nous pensons que les créanciers sociaux ont un
droit exclusif sur les biens de la société comme s'ils
appartenaient à une personne morale. Ce droit existe
tant que dure la société, et il persiste après sa dissolution, pendant la liquidation, jusqu'à ce que la
part de l'associé ayant été déterminée, il ait acquis

(1) V. Thaller, *Traité élémentaire de droit commercial*, p. 152,
n° 224.

la pleine propriété des biens mis dans son lot. Alors seulement le droit des créanciers personnels pourra commencer à s'exercer.

Examinons d'abord quelle est la situation pendant la durée de la société. Pour établir le droit exclusif des créanciers *sociaux* nous devons montrer que les créanciers *personnels* ne peuvent saisir la part indivise de leur débiteur dans un des biens communs, qu'ils ne peuvent le faire vendre de façon à greffer une nouvelle indivision sur l'ancienne. Et nous devrons faire cette démonstration non seulement pour les biens corporels, mais surtout pour les créances. C'est à leur propos que nous rencontrerons les plus grandes difficultés.

Nous aurons ensuite à prouver que ces créanciers personnels ne peuvent pas intenter l'action en partage pour faire cesser l'indivision et faire apparaître le droit exclusif de leur débiteur sur une part des biens autrefois indivis, afin d'exercer sur elle leur droit de saisie.

Il nous faut établir tout d'abord que les créanciers personnels ne peuvent saisir la part de leur débiteur dans un des biens communs.

S'il s'agit d'immeubles, aucune difficulté ne s'élève. Nous avons un texte : l'article 2205 qui prohibe cette saisie d'une part indivise dans la propriété d'immeubles. D'après ce texte, les créanciers ne peuvent les saisir *de plano*. Ils doivent provoquer le partage pour réaliser la part de leur débiteur.

Pour les meubles corporels indivis, on rencontre l'article 1860 dont la rédaction a été inspirée par les mêmes motifs que celle de l'article 2205, car tous deux sont des conséquences du principe posé par le législateur dans l'article 883.

En effet, en ce qui concerne l'article 2205, on ne pouvait permettre de saisir la part d'un débiteur dans un immeuble indivis. On ne savait pas s'il tomberait dans le lot de ce débiteur. La saisie n'aurait été que conditionnelle.

En outre, il valait mieux ne pas admettre cette création d'indivision nouvelle, cette perpétuation d'un état funeste à la fortune publique. Cette raison toute économique fortifiait la raison juridique tirée du principe de l'effet déclaratif du partage.

Il nous faut montrer que ce sont ces motifs qui ont déterminé la rédaction de l'article 1860. Cette question est intéressante et nous l'examinerons longuement. Elle nous permettra d'établir les droits qu'ont les associés sur les biens de la société et par suite les droits de leurs créanciers. Nous dégagerons au cours de cette étude des idées qui nous seront d'un grand secours quand nous voudrons caractériser la nature du droit de l'associé et qui pourraient servir à découvrir la source et l'étendue de leurs pouvoirs d'administration.

A propos de l'article 1860 nous devons immédiatement mentionner une théorie qui, si elle était exacte, ruinerait la base sur laquelle nous voulons édifier notre système.

Un parti important dans la doctrine (1) a en effet soutenu que l'article 1860 ne pouvait nous être d'aucun secours, et qu'au contraire il établissait le droit des créanciers personnels sur les biens sociaux. Voici comment on établit cette théorie :

L'article 1860 doit être lu autrement qu'il est écrit. Pour s'en convaincre on n'a qu'à le rapprocher du passage de Pothier auquel il est emprunté. Voici en effet la phrase de Pothier :

« Un associé ne peut, ni aliéner, ni engager les choses même mobilières dépendant de la société, si ce n'est pour la part qu'il y a (2). » Cette formule était d'ailleurs la traduction de la loi 68 *Pro Socio*. *Nemo ex sociis plus sua parte alienare potest etsi totorum bonorum sunt.*

Et voici le texte de l'article 1860 :

« L'associé qui n'est point administrateur ne peut aliéner ni engager les choses même mobilières qui dépendent de la société.   »

Si le législateur avait voulu modifier la doctrine ancienne, nous dit-on, il resterait des traces de sa volonté dans les travaux préparatoires. Or, l'on n'en trouve aucune.

---

(1) Paul Pont, *Contrat de société*, n°s 587 et 588 ; Thaller, *op. citat.*, p. 152, n° 224 ; Meynial, note sous cassation, 23 février 1891, S. 92.1.73.

(2) Pothier, t. IV, p. 273, n° 89.

On peut donc conclure que les rédacteurs du Code ont voulu reproduire l'ancien droit, qu'aujourd'hui comme avant 1804 un associé peut vendre ou engager un bien social pour la part qu'il y a.

On en déduit que si l'associé peut aliéner directement les biens de la société pour sa part, il peut aussi les aliéner indirectement dans cette mesure. Ces biens rentrent dans le gage de ses créanciers qui pourront les saisir, à condition de se conformer aux textes de loi tels que l'article 2205.

Nous allons essayer de montrer que cet article 1860 ne doit pas être lu autrement qu'il est écrit.

On ne peut exiger du législateur de donner dans les travaux préparatoires les raisons de tous les changements qu'il apportait à l'ancien droit. Il n'avait pas à se justifier de ne pas copier Pothier servilement.

D'ailleurs l'article 1860 ne pouvait avoir une autre rédaction, car il est une conséquence de l'article 883.

Nous avons dit que sa rédaction donnait à penser qu'il avait été inspiré par un passage de Pothier et que ce passage de Pothier était la traduction de la loi 68 *Pro Socio*. Or, cette loi ne faisait qu'appliquer à la société les principes du droit commun en matière d'indivision.

En effet, à Rome, tout copropriétaire pouvait pendant la durée de l'indivision, créer sur les biens communs des droits réels qui étaient opposables aux autres copropriétaires. Ce résultat était possible parce que le droit romain admettait le principe de l'effet translatif du partage. On se plaçait au moment du partage pour liquider les droits des communistes. Ceux-ci avaient pu valablement pendant l'indivision céder leur part indivise dans les biens communs envisagés individuellement.

Pour régler les droits de chacun, on tenait compte de tous ces actes translatifs de droits et l'on faisait autant de partages qu'il y avait d'indivisions. Ce procédé pouvait amener des complications et donnait lieu à des fraudes que facilitait l'absence de publicité des aliénations. Il y avait des recours contre les copartageants qui avaient négligé de faire connaître qu'ils avaient conféré des droits sur les biens indivis à des tiers et qui cependant avaient figuré au partage.

Pour éviter ces résultats fâcheux, en matière de société surtout, les Romains devaient vraisemblablement employer des procédés ingénieux qu'ils ne nous ont pas révélés, car les textes sont à peu près muets sur la question (1).

Mais quand les statuts ne contenaient pas de clauses relatives au régime des biens, on devait se référer aux principes généraux, et ces principes généraux nous ne les trouvons que dans la loi 68 *Pro Socio* : *Nemo ex sociis plus sua parte alienare potest*

____

(1) Girard, *Manuel de droit romain*, p. 560.

etsi totorum bonorum sint. En sa seule qualité d'associé, on ne peut aliéner un bien social tout entier (1), on ne peut l'aliéner que pour sa part. L'associé a sur lui les droits qu'à Rome tout copropriétaire possède sur un bien commun. Ce sont les règles de l'indivision ordinaire qu'on applique à l'indivision résultant d'un contrat de société. Et ces règles étaient dominées par le principe de l'effet translatif du partage. Nous sommes donc autorisé à conclure qu'à Rome, les pouvoirs de l'associé sur les biens sociaux étaient ceux d'un copropriétaire sur les biens communs, qu'il pouvait aliéner un bien social jusqu'à concurrence de sa part, que l'existence de ce droit est intimement liée au principe de l'effet translatif du partage.

Notre ancien Droit coutumier eut une tout autre conception de la copropriété. On considérait alors qu'aucun des copropriétaires ne pouvait faire d'acte important sans l'intervention des autres. Il fallait que tous missent la main à l'œuvre, ce qui valut à ce régime le nom de copropriété en main commune (2). L'acte d'un seul des copropriétaires ne pouvait produire d'effets même dans la mesure de sa part, que

---

(1) Accarias, 4e édit., 72, p. 62, n° 627. « Il est à peine nécessaire de faire remarquer que conformément aux principes généraux les associés ne se représentaient pas les uns les autres. »

(2) V. Gierke, *Genossenschafttheoric*, p. 435 et suiv. ; Saleilles, *Etude sur l'histoire des sociétés en commandite*, *Annales de dr. com.*, 1897, p. 34.

si le bien était mis dans son lot. L'aliénation qu'il faisait d'un bien commun était donc conditionnelle et soumise au résultat du partage. Les principes du Droit romain étaient bouleversés et l'on était amené à proclamer le principe de l'effet déclaratif du partage. Pour procéder à la liquidation de l'indivision, on ne devait plus se placer au moment du partage afin de tenir compte dans le règlement de tous les actes accomplis par les copropriétaires dans leur intérêt exclusif, puisqu'aucun d'eux n'avait pu conférer de droit opposable aux autres. Pour composer la masse partageable, on avait à s'attacher à la situation telle qu'elle existait au commencement de l'indivision, puis aux actes faits par tous les copropriétaires ensemble et susceptibles de modifier leurs droits sur les biens communs, de leur faire perdre ces droits ou de leur en faire acquérir de nouveaux. Le partage se faisait sur la masse ainsi constituée et pour mieux montrer que chacun était seul propriétaire des choses mises dans son lot, on donnait fictivement au partage un effet rétroactif (1). On considérait comme n'ayant pas existé la période d'indivision. Le copartageant était censé avoir suc-

______

(1) Nous savons que cette fiction ne s'est pas établie sans difficulté. Mais il est certain qu'elle existait sans contestation à la fin de notre ancien droit, alors qu'on avait oublié les principes de la propriété en main commune, et il est aussi certain qu'au moment de sa naissance on avait pour lui suppléer ces mêmes principes de la propriété en main commune.

cédé directement à celui du chef duquel les biens étaient tombés dans l'indivision. Les autres copropriétaires n'avaient donc pu les grever de droits pendant cette période, puisque légalement elle était réputée n'avoir pas existé.

Cette fiction n'était d'ailleurs pas nécessaire. Sans elle, grâce à la conception du régime de la copropriété en main commune, on serait arrivé à déclarer nuls les droits conférés par un seul des copropriétaires sur les biens communs. On pouvait conserver au partage son véritable caractère qui est d'être translatif, et non déclaratif de droits.

Quoi qu'il en soit, ce régime nouveau de la copropriété s'applique aux sociétés, de même qu'à Rome le patrimoine social était gouverné par les règles de la copropriété ordinaire, ainsi que l'atteste la loi 68 *Pro Socio.*

Un associé ne pouvait donc alors créer sur les biens sociaux de droits opposables à ses coassociés, même dans la mesure de sa part. Les raisons de décider étaient les mêmes que pour l'indivision ordinaire.

Comment se fait-il alors que Pothier après des auteurs considérables, au nombre desquels on peut déjà citer Guy Coquille, comment se fait-il que Pothier et ces auteurs aient admis qu'en matière civile un associé pouvait dans la mesure de sa part créer sur les biens sociaux des droits opposables à ses coassociés ?

Il faut en accuser la renaissance des études de
Droit romain et la maladresse avec laquelle on ma-
niait alors les textes du Digeste pour les appliquer à
des matières que régissait déjà notre Droit coutumier. En particulier, pour les sociétés civiles, on les
soumit aux lois que contient le titre *Pro Socio* et notamment à la loi 68. On ne s'aperçut pas que ses
dispositions toutes naturelles à Rome, qui cadraient
très bien avec les principes de la copropriété dont
elles étaient une application, ne cadraient plus avec
la conception nouvelle de notre Droit coutumier en
matière de copropriété. En agissant ainsi on appliquait au patrimoine social des règles différentes de
celles qu'on admettait pour tout patrimoine indivis
entre plusieurs personnes. On soumettait le patrimoine social au principe de l'effet translatif du partage. On permettait à des associés de créer des droits
sur les biens sociaux, droits opposables aux autres
associés dans la mesure de la part du constituant, et
l'on refusait la même prérogative à des communistes
quelconques. Or ce procédé était très dangereux et
d'autant plus grave qu'il s'agissait d'une société et
qu'on entravait ainsi sa marche puisque, si les acquéreurs ne pouvaient provoquer le partage pour réaliser leurs droits pendant la durée de la société,
ainsi que nous essaierons de le montrer plus tard,
ils pouvaient tout au moins les opposer après le
partage aux coassociés du constituant, et qu'on re-

trouvait aussi tous les inconvénients qu'amenait la conception romaine de la copropriété.

Le progrès était au contraire de refuser tout droit aux associés en tant que copropriétaires et de leur permettre de donner à l'un d'eux par leur consentement unanime le droit d'administrer le patrimoine social. Il était encore pour le cas où la convention serait muette sur ce point de donner ce droit d'administration entier à chacun des associés, non pas comme copropriétaires, mais comme représentant de ses coassociés en vertu d'un mandat tacite. C'étaient d'ailleurs les résultats auxquels on était arrivé dans le système de la copropriété en main commune (1).

Au lieu de cela, qu'ont fait nos Romanistes? Ils ont brusquement rompu l'évolution juridique et en sont revenus à des principes que ne connaissait plus notre droit !

Si cette conception romaine de la copropriété avait encore existé chez nous, il eût fallu par faveur pour la société lui donner un autre régime. Or, ce régime existait et s'appliquait à la société et par inintelligence d'un texte de droit romain, parce qu'on n'avait pas recherché le fondement de la loi 68 *Pro Socio*, on écarta le principe nouveau qui était excellent pour en revenir à l'ancien, créant ainsi dans notre droit une inexplicable diversité de systèmes en matière de

______

(1) V. Gierke, *op. citat.* ; Saleilles, *op. citat.*

copropriété : système romain pour le patrimoine d'une société, système français pour tout autre patrimoine indivis (1).

Les rédacteurs de notre Code furent donc très bien inspirés lorsqu'après avoir inscrit dans l'article 883 le principe de l'effet déclaratif du partage, ils décidèrent dans l'article 1860 que l'associé non administrateur ne pourrait aliéner les choses même mobilières dépendant de la société. Ils n'ajoutèrent pas « si ce n'est dans la mesure de sa part », et ils ne pouvaient le faire s'ils voulaient apporter quelque logique dans leur œuvre.

Pour nous résumer sur l'article 1860, nous dirons qu'il constate l'impossibilité où se trouvent des copropriétaires de conférer aucun droit ferme sur un des biens indivis qui composent la masse commune. Tous leurs droits sont conditionnels, soumis à l'effet du partage.

(1) La doctrine que nous soutenons est corroborée par ce qui se passa pour les sociétés commerciales. Elles ne furent pas soumises à la loi *Pro Socio*. Elles continuèrent à jouir du régime de la copropriété en main commune, imaginé par notre très ancien droit. Le mouvement que créa la renaissance des études du droit romain ne les atteignit guère. Pour elles on ne revint pas sur les progrès accomplis. Le droit commercial était un droit d'exception qui avait ses règles propres. Il continua à bénéficier du régime nouveau. Les associés administrant les biens n'agirent plus comme propriétaires, ce qui était inadmissible puisqu'ils engageaient les biens de la société en entier et non plus seulement dans la mesure de leur part, mais comme représentants de leurs coassociés en vertu d'un mandat exprès ou tacite.

Il en résulte qu'un acheteur qui acquiert la part d'un des communistes dans un bien indivis ne peut être certain que son droit lui restera ou plutôt sera confirmé. En attendant le partage, il ne pourra faire aucun acte de copropriétaire, sur la chose, car pour qu'un droit soit valablement créé sur un bien commun, il faut l'assentiment de tous les copropriétaires.

Il en résulte encore que les créanciers des communistes ne peuvent saisir un des biens communs.

Cette conclusion nous la croyons inattaquable si nous la restreignons aux biens indivis corporels.

Mais quand nous voulons l'appliquer aux créances, on nous oppose l'article 1220 du Code civil aux termes duquel les créances se divisent de plein droit entre cohéritiers. S'il en est ainsi, elles échappent à l'article 883. Les communistes peuvent disposer de leur part sans qu'on puisse leur opposer l'aléa du partage.

Il nous faut donc établir que l'article 1860 s'applique aux droits incorporels, que les créanciers d'un associé ne peuvent saisir une créance sociale, même dans la mesure de la part de leur débiteur.

Les partisans de la théorie contraire disent : l'article 1220 opère le partage des créances et des dettes, puisqu'il les divise entre les cohéritiers. Il n'est pas nécessaire de faire pour elles un nouveau partage, sinon l'article 1220 serait inutile (1).

(1) Laurent, t. 10, p. 245.

Nous devons montrer que l'article 1220 n'avait pas pour but d'opérer le partage des créances et des dettes, et qu'il présente cependant une grande utilité, qu'il devait être écrit.

Mais auparavant, présentons les arguments qui, en l'absence de l'article 1220, conduiraient forcément à admettre que les créanciers personnels des associés ne peuvent saisir les créances sociales.

L'article 883 a pour principal objet d'empêcher les contestations entre héritiers, d'éviter les recours multiples qui proviennent de la découverte de droits conférés par un des cohéritiers sur un bien qui est définitivement échu à un autre d'entre eux.

L'inconvénient qui résulterait de ce droit des cohéritiers de disposer d'une façon ferme de leurs droits dans un bien indivis existe aussi bien pour les droits incorporels que pour les droits corporels. En cédant sa part dans une créance indivise le cohéritier agit de même manière qu'en cédant sa part dans un des héritages. Les inconvénients sont les mêmes dans les deux cas.

L'article 883 présente un avantage qui n'a peut-être pas été mis assez en lumière. Il permet de garantir les cohéritiers contre l'insolvabilité d'un de leurs consorts. En effet, si l'un d'eux est débiteur de rapports, on mettra dans le lot des autres les biens existants et les autres héritiers seront aussi à l'abri de son insolvabilité. Les biens de la succession jouent donc, de par l'article 883, le rôle de sûretés en faveur des cohéritiers. Il y a là pour eux une sorte de gage légal (1). Il est naturel que ce gage porte sur tous les biens de la succession, corporels ou incorporels.

Les raisons de décider sont les mêmes en matière de société. Les associés seront souvent débiteurs les uns des autres, à raison par exemple des actes d'administration qu'ils auront accomplis.

A cet argument d'ordre tout spécial, nous pouvons ajouter des arguments de texte qui infirment l'interprétation que l'on donne de l'article 1220.

L'article 832 suppose que les créances sont comprises dans la masse à partager. Dans l'opinion contraire à la nôtre, ce texte est inutile, car pourquoi admettre pour elles un second partage si elles ont été déjà divisées de plein droit? Et devant la généralité des termes de l'article 883 comment supposer que ces créances ne subissent pas l'effet déclaratif du partage.

Nous pouvons encore invoquer à l'appui de notre doctrine l'article 1860 qui ne fait aucune distinction entre les droits corporels et les droits incorporels, qui défend d'aliéner ou d'engager *toutes* les choses même mobilières qui dépendent de la société.

On nous oppose l'article 1220 aux termes duquel

(1) *Sic* : **Aubry et Rau, t. VI, p. 662, note 8, 4ᵉ édition.**

les créances se divisent de plein droit entre les cohéritiers et l'on prétend que l'article ne peut s'expliquer qu'en admettant qu'il opère le partage des créances et des dettes entre les cohéritiers.

Nous croyons que l'article n'a pas été écrit dans ce but, et nous allons essayer de montrer quelle utilité il présente.

Il a été inspiré par deux idées :

On voulut d'abord continuer le système de protection des cohéritiers les uns à l'égard des autres, système dont on trouve une manifeste application dans l'article 883.

On voulait aussi permettre aux débiteurs de la succession de se libérer, aux créanciers de la succession de toucher leurs créances.

Je dis que l'article 1220 continue le système de protection de l'article 883. Il fallait, en effet, empêcher que l'un des cohéritiers pût toucher en entier une créance héréditaire. Sinon les autres eussent été exposés à son insolvabilité pour le rapport dans la masse de cette créance entière.

Pour les garantir tout à fait contre leur insolvabilité réciproque, il eût fallu décider qu'aucun d'eux ne pourrait toucher tout ou partie d'une créance sociale. Mais cette protection exagérée se retournait contre les cohéritiers qui seraient restés exposés à l'insolvabilité des débiteurs héréditaires.

C'est alors qu'intervenait aussi une autre idée

dont il fallait absolument tenir compte. En décidant ainsi, on faisait des créances exigibles, des créances à terme qui ne devenaient exigibles et payables qu'après le partage. On sacrifiait les droits des débiteurs de la succession. Ceux-ci pouvaient avoir le désir légitime de se libérer, et il fallait leur accorder ce droit. Aussi l'article 1220 permet-il aux débiteurs héréditaires de se libérer entre les mains des héritiers dans la mesure de la part de ces derniers dans la succession.

On ne veut pas constituer les cohéritiers mandataires les uns des autres jusqu'à permettre à l'un d'eux de toucher en entier une créance héréditaire, et cela pour que les autres ne soient pas exposés à l'insolvabilité de celui qui a reçu. Mais on les constitue mandataires jusqu'à concurrence de leur part, parce qu'il était nécessaire de permettre aux débiteurs de la succession de se libérer quand leur dette était devenue payable, et qu'il était aussi nécessaire de prémunir les cohéritiers contre l'insolvabilité des débiteurs héréditaires.

L'article 1220 a donc pour but d'établir les pouvoirs d'administration des cohéritiers en ce qui touche la perception des créances héréditaires.

Mais s'ils peuvent, dans la mesure de leur part, toucher une créance héréditaire, ils ne peuvent dans cette même mesure la céder d'une façon ferme. La disposition qu'ils feraient de leur part dans cette créance ne serait plus un acte d'administration fait dans l'intérêt de tous, il ne serait plus commandé par l'intérêt du débiteur. On retombe sous l'application de l'article 883. Les cohéritiers ne peuvent d'une façon ferme créer des droits sur des biens soumis à l'effet aléatoire du partage.

Tout ce que nous avons dit des créances héréditaires est vrai des créances sociales. L'article 1220 s'applique à toute masse indivise aussi bien que l'article 883.

Il résulte donc de l'explication que nous avons donnée de cet article 1220, il résulte des articles 832, 883, 1860 que les associés ne peuvent conférer sur les créances sociales des droits opposables à leurs coassociés, et que, par conséquent, leurs créanciers personnels ne peuvent les saisir.

Nous avons ainsi démontré que pendant la durée de la société ces créanciers personnels ne peuvent prétendre à aucun droit sur les biens sociaux considérés individuellement. Nous arrivons maintenant à la seconde question que nous annoncions plus haut: tout tiers qui a des droits sur la part indivise d'un des coassociés peut-il à ce titre provoquer le partage ?

Nous pensons que non et nous devons faire la preuve de notre affirmation, si nous voulons établir le droit exclusif des créanciers sociaux sur les biens de la société. A lui seul l'article 1861 suffirait à former notre conviction. Aux termes de cet article

« chaque associé peut, sans le consentement de ses coassociés, s'associer une tierce personne relativement à la part qu'il a dans la société ; il ne peut pas sans ce consentement l'associer à la société lors même qu'il en aurait l'administration ».

Il résulte de ce texte que l'associé ne peut conférer sur sa part aucun droit qui soit opposable à ses coassociés. La cession d'une part de société ne vaudra que comme convention de croupier. L'acquéreur ne pourra se fonder sur elle pour intenter une action en partage.

Si l'acquéreur n'a pas ce droit, il en sera à plus forte raison ainsi pour les créanciers chirographaires de l'associé. Ils ne pourront prétendre à aucun droit sur la part de leur débiteur, qui leur permettrait d'intenter l'action en partage.

Tout ce qu'ils peuvent faire, c'est de tirer du droit de leur débiteur tout ce que l'article 1861 leur permet de réaliser. Ils feront vendre sa part. L'acquéreur deviendra, aux termes du texte, l'associé de l'associé.

Ils auront encore un moyen extrême qui sera de faire prononcer la dissolution de la société pour déconfiture de leur débiteur, selon l'article 1865.

Mais ils ne pourront pas intenter l'action en partage. Ce résultat est d'ailleurs conforme aux principes généraux de l'indivision. Nous devons le montrer puisque nous recherchons les effets de la constitution d'un patrimoine dans un but, que nous voulons établir le droit exclusif des créanciers qui ont traité avec les constituants dans ce but. Il nous importe de prouver que la convention qui a créé ce patrimoine est la source directe, profonde, du droit exclusif de ces créanciers, qu'il ne provient pas d'une pure disposition législative.

Pour accorder aux créanciers personnels de l'associé, des communistes le droit d'intenter l'action en partage, on raisonne ainsi :

Quand une personne acquiert la propriété indivise d'une chose, elle acquiert en même temps le droit de provoquer le partage. Elle peut renoncer à ce droit dans les limites de l'article 815. Elle contracte ainsi une obligation personnelle et si elle veut nonobstant sa convention intenter l'action, on la repoussera, comme on disait à Rome, par l'*exceptio pacti conventi*. Mais ses créanciers ne sont pas forcés de respecter cette obligation. Ils ne sont pas les ayants cause à titre universel de leur débiteur. Ils ne succèdent pas à ses obligations. La convention de surseoir au partage ne leur est donc pas opposable (1).

On ne peut nier que la difficulté soit grave.

En admettant notre explication de l'article 1860, en admettant que le communiste ou l'associé ne peut

---

(1) *Sic* : Chabot de l'Allier, *Commentaire sur les successions*, t. 2, p. 191 ; Duranton, VII, n° 84, p. 152 ; Laurent, t. X, p. 272, n° 242 (V. cependant t. 26, n° 346, p. 363 où Laurent se met en contradiction avec lui-même) ; Thaller, *op. citat.*, p. 152, n° 224.

conférer sur les biens indivis aucun droit ferme et définitif, il n'en reste pas moins acquis que ses créanciers personnels ont, dans leur gage, sa part indivise, représentative d'un droit exclusif sur une certaine portion de la masse commune. Puisque la part indivise de leur débiteur est dans son patrimoine, ils doivent pouvoir se payer sur elle, après s'être conformés aux dispositions légales telles que l'article 2205, après avoir fait apparaître le droit exclusif de leur débiteur. L'action en partage, dit-on, ne semble pas avoir pour but de faire rentrer un bien dans le patrimoine du débiteur. Quand les créanciers l'exercent, ils n'usent pas simplement de l'article 1166, c'est une des formalités qu'ils sont forcés d'accomplir pour saisir un bien indivis. L'article 2205 leur conférerait un droit propre à l'action en partage.

Cette manière de raisonner écarterait les théories qui ne voient dans l'exercice de l'action en partage par les créanciers du communiste que la mise en mouvement de l'article 1166 (1), et qui, par suite, refusent à ces créanciers le droit d'intenter cette action, quand leur débiteur ne peut plus l'intenter lui-même. Et cependant, comme le disent MM. Aubry et Rau, l'argument tiré des articles 2092 et 2205 paraît forcé. Il semble plus vraisemblable d'admet-

____

(1) Aubry et Rau, t. VI, p. 533. Note 5, § 622 ; Demolombe, XV, n° 509, p. 484.

tre que l'article 2205 n'accorde pas aux créanciers un droit propre, qu'il n'est qu'un rappel de l'article 1166, rappel qui présentait d'ailleurs une certaine utilité. On aurait pu, en effet, se demander si l'action en partage n'était pas un droit propre au débiteur, droit que ne pouvaient exercer ses créanciers en vertu de l'article 1166. L'hypothèse n'est pas chimérique. L'action en partage exercée mal à propos troublera souvent une harmonie que constatait la persistance de l'indivision. L'article 1205 aurait été écrit pour couper court à toute discussion en permettant formellement aux créanciers d'intenter l'action.

Avec cette interprétation de l'article 2205, en supposant qu'il n'est qu'un rappel de l'article 1166, il est donc facile de refuser aux créanciers tout droit à l'action s'il existe une convention de surseoir au partage. On peut très bien admettre que par elle le débiteur renonce à son droit et qu'il le *cède* aux autres communistes. Cette convention créerait non seulement une obligation de ne pas faire, mais elle aurait un effet plus direct, un effet extinctif de droits, elle éteindrait l'action en partage.

Quoi qu'il en soit, et en supposant que les articles 2092 et 2205 combinés procurent aux créanciers personnels des communistes un droit propre à l'action en partage, ce droit ne leur confère aucun avantage. Nous croyons qu'ils ne peuvent l'exercer

quand leur débiteur a consenti à demeurer dans l'indivision.

Pour refuser ce droit aux créanciers personnels,
certains auteurs proposent une explication que nous
ne pouvons admettre. Ils considèrent que, par le
contrat de société, les associés se sont engagés à
faire un apport, à ne pas en disposer pour leurs
besoins personnels, pas plus d'ailleurs que des biens
nouveaux qui pourraient être acquis et dont l'ensemble constitue le patrimoine social. La masse
commune est uniquement affectée aux créanciers
communs qui ont pour ainsi dire un droit de préférence sur les biens de la société. Mais cette théorie
se heurte immédiatement aux objections de MM. Laurent et Thaller. Si les associés se sont engagés à ne
pas disposer des biens sociaux, ils doivent certes
respecter leur obligation, mais cette obligation ne
passe qu'à leurs successeurs universels, ou à titre
universel. Elle n'est pas opposable à leurs créanciers
personnels qui ne sont que des ayants cause à titre
particulier. Ils ont, dit-on, un droit à saisir la part
indivise de leur débiteur ou à provoquer le partage.
La convention de surseoir au partage ne peut leur
enlever ce droit. Pour qu'il en fût autrement, il faudrait que cette convention créât un droit réel au
profit des associés, ou tout au moins qu'un texte formel dérogeât au droit commun, accordât aux créanciers sociaux un droit de préférence sur les biens de

la société, au détriment des créanciers personnels
des associés. On croit trouver ce texte dans l'article 1860. Cet article, dit-on, établit l'affectation du
patrimoine social au paiement exclusif des créanciers
sociaux. De même que l'article 1743 apporte une
dérogation aux principes ordinaires des obligations
en permettant au preneur à bail d'opposer à l'acquéreur du bien loué le contrat de louage qu'il a passé
avec le bailleur, ainsi l'article 1860 permettrait aux
associés de repousser l'action des créanciers personnels d'un de leurs co-associés. Il interdit, en effet, à
l'un d'eux d'aliéner ou d'engager, s'il n'est pas administrateur, les choses mêmes mobilières qui dépendent
de la société. S'il ne peut les aliéner directement, il
ne peut le faire non plus indirectement en conférant
à ses créanciers le droit de saisir les biens indivis (1).

Mais l'article 1860 n'a pas cette portée qu'on lui
attribue. Il n'est, nous l'avons vu, qu'une application
de l'article 883. Il interdit à l'associé non administrateur d'aliéner un bien social et empêche par là même
ses créanciers personnels de saisir des biens sociaux
considérés individuellement, pour cette raison simple que l'associé n'a pu conférer de droit ferme, définitif sur ce bien et qu'on ne peut savoir avant le
partage s'il sera mis dans son lot. Mais cet arti-

____

(1) V. Thiry, *Des rapports existant dans les sociétés civiles entre les
associés et les tiers. Revue critique de législat. et de jurisprudence*,
1855, 2e volume, p. 300 et suiv.

cle 1860 n'atteint nullement le droit de l'associé sur sa part indivise. Elle fait partie du gage de ses créanciers et devant ces articles 883 et 1860 qui les empêchent de saisir un seul des biens communs, ces créanciers voudront réaliser cette part, la vendront ou feront apparaître le droit exclusif de leur débiteur et intenteront l'action en partage.

On tente encore d'écarter cette action, en se fondant sur la règle : *Nemo plus juris transferre potest quam ipse habet.* L'associé qui doit respecter la convention de demeurer dans l'indivision ne peut transférer à des acquéreurs, à des créanciers des droits plus étendus que les siens (1). Mais cette théorie se heurte aux mêmes objections que la précédente. Les créanciers ne sont pas forcés de respecter la convention de surseoir au partage qu'a conclue leur débiteur, car ils n'exercent pas l'action en partage au nom de leur débiteur, en vertu de l'article 1166, mais en vertu d'un droit propre qui leur est conféré par l'article 2205.

Pour échapper à cette interprétation de l'article 2205 et refuser l'action en partage aux créanciers personnels des associés, nous essaierons d'établir que la convention de demeurer dans l'indivision crée un droit réel au profit des communistes qui

_____

(1) C'est la théorie actuellement soutenue en Allemagne par Laband. V. l'exposé de cette théorie et sa critique dans Adler, *Entwicklungslehre und Dogmatik des Gesellschaftrechts,* p. 81.

peuvent réciproquement l'opposer à leurs créanciers.

Quel sera ce droit réel ?

M. Boistel (1) a proposé de décider que c'est une servitude légale d'utilité privée analogue aux servitudes de mitoyenneté.

La convention qui enlève aux communistes le droit de demander le partage restreint les prérogatives que confère le droit de copropriété. Mais peut-on dire qu'elle crée une charge réelle qui serait une servitude légale d'utilité privée? Nous ne le croyons pas. Dans toutes ces servitudes, servitude de mitoyenneté, de bornage, nous trouvons toujours deux fonds contigus. Dans la mitoyenneté, si la servitude existe à propos de la clôture, elle a sa source première dans la situation des deux fonds que cette clôture sépare.

Si l'on voulait s'en tenir à cette idée de servitude, il serait plus exact de dire qu'il s'agit d'une servitude légale d'utilité publique. En effet, celles-ci ne nécessitent plus pour leur existence deux fonds, l'un servant, l'autre dominant. Il n'y a qu'un fonds servant et la charge est constituée dans l'intérêt public. Ainsi en vertu d'une loi de 1885 (2), l'administration des postes a le droit de planter des poteaux télégraphiques sur les terrains qui bordent les routes. On peut citer encore la servitude de halage et de marche-

____

(1) V. Boistel, *Manuel de Droit commercial*, p. 86.
(2) Loi du 28 juillet 1885, art. 3.

pied, de reculement, etc. Dira-t-on que le fonds dominant est la route ou le fleuve ? L'Etat ou la commune, propriétaires du fonds dominant, jouiraient de la servitude ou en permettraient l'exercice aux particuliers. Alors on nous opposera que, dans notre servitude d'indivision, on aperçoit bien le fonds servant, mais qu'on ne voit pas le fonds dominant.

Nous pourrions répondre qu'on attache trop d'importance aux mots, qu'en réalité une servitude ne profite pas à un fonds, mais à la propriété dont il est l'objet et que la servitude d'indivision profitera à tous les copropriétaires.

Mais nous reconnaissons que cette théorie est hasardeuse. Aussi allons-nous essayer de montrer que la convention de surseoir au partage modifie les prérogatives que confère légalement le droit de copropriété. Le droit réel qui sera opposable aux créanciers personnels du constituant sera encore le droit de copropriété, mais soumis à un régime nouveau admis aussi par la loi et non plus un droit de servitude.

Cette théorie a été proposée déjà par M. Marcel Mongin (1). Mais il ne l'a pas suffisamment justifiée. Il n'a fait que l'indiquer et n'a pas prévu les objections qu'on pouvait lui adresser. On lui demandera notamment comment il explique que la copropriété puisse être établie *ad tempus*, avec l'impossibilité

---

(1) Mongin, *Rev. crit.*, 1890. Étude sur la situation juridique des sociétés dénuées de personnalité.

pour chaque communiste de demander le partage, qu'elle persiste ensuite à l'expiration du délai avec le droit pour chaque communiste de provoquer le partage. L'une ne permet pas de demander le partage, l'autre autorise l'action. Pourquoi ces différences ? La théorie de M. Mongin, ainsi présentée sans explication, semble énigmatique. Elle doit être complétée. Voici comment nous l'établirons.

Il existe deux régimes de la copropriété : un régime que nous appellerons naturel, parce qu'il découle de la nature même du droit, le régime légal tel qu'il est établi par notre Code.

Normalement chaque communiste a le droit de jouir et de disposer de sa part. On ne peut le contraindre à la céder, soit qu'il s'agisse de vendre le bien indivis, soit qu'on veuille en faire le partage, car, dans l'un et l'autre cas, c'est bien une cession de droits qui intervient, moyennant une somme ou en échange de droits exclusifs sur une portion déterminée de la chose commune. Ces idées ne sont guère contestables.

Tout autre est le régime légal. Les copropriétaires peuvent être forcés de céder leur part si l'un d'eux l'exige, ou mieux ils seront expropriés de leurs droits par un jugement suivant une juste indemnité, pour employer les termes de l'article 545 qui constate la restriction qu'apporte au droit de propriété la menace constante de l'expropriation pour cause d'utilité publique.

L'obligation de subir le partage pèse sur chaque copropriétaire comme une charge réelle. Il en est tenu parce qu'il possède une part indivise et non pas en vertu d'un prétendu quasi-contrat d'indivision. Il y a en cette matière application d'une théorie générale de la loi d'après laquelle, pour des motifs d'intérêt social des restrictions sont apportées au droit de propriété qui de sa nature est exclusif et absolu. Ce sont des charges réelles. On pourra d'ailleurs les appeler du nom de servitudes, si elles se trouvent profiter aux propriétaires de fonds contigus. Mais, ce qu'il est important de retenir, c'est que toutes elles atteignent les prérogatives que confère le droit de propriété, dont elles limitent les effets, qu'elles frappent tous les fonds qui se trouvent dans les conditions prévues par la loi, et qu'on peut dire ainsi qu'elles forment le droit commun de la propriété.

Ainsi donc le régime légal de l'indivision comporte pour les communistes le droit de provoquer le partage. L'intérêt général qui veut que cette situation mauvaise pour l'amélioration des biens ne se prolonge pas outre mesure, l'intérêt général était ainsi sauvegardé. Mais il fallait tenir compte aussi des intérêts particuliers. Aussi dans l'article même qui établissait le régime légal de la copropriété, dans l'article 815 du Code civil, on reconnut le droit qu'avaient les communistes d'établir le régime naturel de l'indivision pendant un certain temps. On admit que jusqu'à l'expiration du délai convenu le partage ne pourrait être opéré que du consentement de tous, que chacun, conformément aux principes habituels, aurait un droit absolu sur sa part. Mais au bout du temps fixé, comme il arrive pour tous les droits d'exception (tels les servitudes) constitués *ad tempus*, le régime exceptionnel disparaît pour faire place au régime reconnu par la loi. Le droit de copropriété renaît grevé de la charge réelle que la loi lui a incorporée.

Notre théorie ainsi présentée explique donc comment il se fait que la convention de surseoir au partage est opposable aux créanciers des communistes, même si l'on admet qu'ils ont un droit propre à intenter l'action.

Elle établit la copropriété dans la plénitude de ses effets. S'ils veulent provoquer le partage, on invoquera contre eux un droit réel.

Elle explique encore pourquoi la copropriété ainsi constituée disparaît à l'expiration d'un délai convenu. Le régime d'exception fait place au régime légal.

C'était d'ailleurs au fond la théorie romaine et la théorie de Pothier. En effet, d'après la loi 13, *Communi dividendo* : *Emptor communi dividendo agendo summovebitur exceptione qua auctor ejus.* Comment expliquer que cet acheteur d'une part indivise ne puisse demander le partage. Si la convention de surseoir au partage ne crée que des obligations et n'altère pas le droit de copropriété lui-même, elle ne sera pas opposable à l'acheteur. De même que l'acquéreur d'un immeuble loué pouvait expulser le locataire, l'acquéreur d'une part indivise pourra exercer l'action en partage qu'a tout communiste. La convention intervenue entre son cédant et les autres communistes est pour lui *res inter alios acta*. Pour expliquer qu'il doit la respecter on dit que le vendeur n'a pu transférer plus de droits qu'il n'en avait lui-même sur la chose. C'est aussi notre avis. Mais alors on doit reconnaître que la convention de surseoir au partage atteint les droits que confère la copropriété de la chose indivise, fait disparaître une charge réelle. Le droit passe ainsi modifié à l'acquéreur. On revient à la théorie que nous avons exposée.

Il résulte de nos longues explications que les créanciers personnels des associés ne peuvent saisir un des biens sociaux ou provoquer le partage du patrimoine social.

Il est presque superflu de dire que les tiers qui ont traité avec tous les associés ou leurs représentants, que les créanciers sociaux peuvent saisir les biens de la société. En se rendant débiteurs, les associés ont conféré un droit de gage sur toutes les choses communes et ce droit était valablement constitué puisque tous les communistes sont intervenus à l'acte.

Mais une question se pose alors. Quand les créanciers sociaux exercent une saisie, les créanciers personnels viendront-ils en concours? Oui, d'après MM. Laurent, Cassagnade, Lyon-Caen (1). L'article 1860, dit-on, ne s'y oppose pas. Il s'oppose à ce que les associés confèrent des droits sur les biens sociaux. Mais quand les biens indivis sont vendus, les deniers appartiennent aux créanciers. Or parmi ces créanciers se trouvent les créanciers personnels des associés.

Mais cette opinion doit être rejetée dans la théorie que nous avons adoptée. Les sommes d'argent qui restent après le désintéressement des créanciers sociaux sont des valeurs sociales. A ce titre, elles figurent dans la masse à partager. Elles ne peuvent, avant le partage, être attribuées même pour partie aux créanciers personnels des associés.

Une dernière question doit être examinée.

La compensation est-elle possible entre des créances de tiers contre la société et des créances d'associés envers ces mêmes tiers, dans la mesure de la part de ces associés, ou inversement.

Notre interprétation de l'article 1220 commande la solution.

Puisque les associés peuvent toucher les créances

______

(1) Laurent, t. XXVI, nos 359-360 ; Cassagnade, *De la personnalité des sociétés*, thèse Paris, 1883, p. 231 ; Lyon-Caen, *Traité de droit commercial*, t. 2, no 109.

de la société dans la mesure de leur part, il n'y a aucun obstacle à ce que la compensation s'opère dans leurs rapports avec les créanciers et les débiteurs de la société. Les raisons sont les mêmes dans les deux cas. Nous devons nous expliquer sur ce point car cette manière de voir n'est généralement pas admise par les auteurs qui refusent aux créanciers personnels tout droit sur les créances sociales, dans le cas où le tiers est débiteur de la société et créancier personnel d'un associé. On déclare que la compensation serait une sorte d'aliénation forcée ; une sorte de saisie d'un bien social, que l'article 1860 interdit au créancier personnel tout acte de ce genre, que le fonds social n'a pas été engagé en sa faveur, qu'il échappe à ses poursuites (1).

Nous répondrons que l'article 1220, tel que nous l'avons interprété, donne à chacun des associés le droit de toucher les créances sociales dans la mesure de sa part, que cette disposition est très favorable aux débiteurs, qu'elle s'explique par la nécessité qu'il y avait de leur permettre de se libérer, alors même qu'on interdisait aux associés par l'article 1860 de céder les créances sociales à des tiers. Les mêmes raisons militent ici pour reconnaître la possibilité de la compensation au bénéfice de ces mêmes débiteurs.

(1) Mongin que nous citons presque textuellement, *op. citat.*, p. 710 ; Thiry, *Revue critique*, VII, p. 302 ; Lyon-Caen, *Traité*, t. II, n° 116.

C'est une restriction à la prohibition que contient l'article 1860, mais si l'on admet que le débiteur social peut payer au créancier dans la mesure de sa part, il n'y a aucune raison pour l'empêcher d'invoquer la compensation.

Quoi qu'il en soit, nous devons retenir de cette étude que, pendant la durée de la société, les créanciers personnels des associés ne peuvent ni saisir un des biens indivis, ni provoquer le partage de la masse entière ou d'une seule des choses communes, et qu'ils n'ont même pas le droit de venir en concours avec des créanciers sociaux qui auraient saisi un bien commun.

La situation change-t-elle quand arrive le terme fixé pour la dissolution de la société ? Pas davantage. La restriction que nous avons mise aux droits des créanciers personnels provient de l'indivision qui existe entre les associés. Cette indivision continue pendant la liquidation. Mais, nous dira-t-on, comment peut-il se faire que la convention de surseoir au partage produise encore des effets longtemps après la période qu'elle détermine ? Nous répondrons que l'indivision est stipulée pour cette période et pour tout le temps de la liquidation, que le partage d'une société comprend un ensemble d'opérations qui en sont les préliminaires nécessaires.

On ne décide pas autrement en matière commerciale, ou en l'absence de tout texte, on ajoute à la fiction reconnue de la personnalité, la fiction nouvelle de la survivance de cette personnalité.

On peut appliquer à la Société civile ce que M. Thaller écrit pour la Société commerciale. « L'acte de société sous-entend une clause, en vertu de laquelle les associés s'engagent entre eux et s'obligent aussi envers leurs créanciers futurs, à continuer leurs affaires en cours lorsque viendra la dissolution, de manière à réaliser une loyale liquidation » (1).

Ainsi donc, nous arrivons à cette conclusion dernière, que les créanciers sociaux ont un droit exclusif sur les biens de la société et que le droit des créanciers personnels ne leur devient utile qu'après le complet désintéressement des créanciers sociaux.

APPENDICE A LA SECTION I. — **Nature du droit
de l'associé.**

Dans une société civile, le droit de l'associé est-il unique et mobilier comme dans les sociétés commerciales ? Ou bien doit-on dire qu'il a autant de droits différents qu'il est de biens divers dans la masse commune ? Faut-il admettre que la nature de ces droits multiples est tenue en suspens jusqu'au partage, puisque l'on ne peut savoir jusque-là quels biens seront mis dans le lot de chacun ?

Nous croyons que l'on ne peut attendre l'effet du

____

(1) Thaller, *op. citat.*, p. 219, n° 353.

partage pour déterminer la nature du droit de l'associé. A cette époque, il prendra peut-être une assiette nouvelle, portera sur des immeubles ou sur des meubles suivant l'événement, mais jusque-là, il a un caractère bien net qu'il faut constater.

Il n'est pas admissible que l'on élude la question en décidant que l'associé a autant de droits qu'il existe de biens dans la masse commune. La loi a d'ailleurs pris soin de trancher la question, en décidant que « les actions ou intérêts dans les compagnies de finance, commerce ou industrie sont mobiliers, encore que des immeubles dépendants de ces entreprises appartiennent à ces compagnies » (article 529 du Code civil).

On a soutenu que cet article ne s'appliquait pas aux sociétés civiles, et cependant, ainsi que nous le disions plus haut, « on est bien forcé de remarquer que le législateur a choisi la formule la plus sage qu'il ait pu trouver, groupant sous trois chefs, finance, commerce ou industrie, les opérations que peut embrasser l'activité humaine. Il n'a pas entendu faire alors de classification des différentes sociétés. L'énumération des actes commerciaux n'a été donnée que plus tard et l'on reconnaît universellement aujourd'hui, sauf application de la loi de 1893, que le caractère d'une société se détermine par les actes qu'elle fait, civils ou commerciaux. Ici le Code se préoccupe de la nature du droit de l'associé, et cette préoccupation devait exister en matière civile comme en matière commerciale ».

On nous opposera peut-être que l'article 529 confond les sociétés de commerce et d'industrie puisqu'il lesréunit par la conjonction « ou » et l'on expliquera le pléonasme en disant que les sociétés d'industrie sont celles qui appliquent l'industrie des associés à un objet commercial.

Nous répondrons que les idées du législateur sur les actes commerciaux n'étaient pas bien nettes au moment de la rédaction du Code civil.

On en a la preuve dans la façon dont il s'est tiré de la difficulté au moment de donner une définition de l'acte commercial. Il s'est contenté de faire dans les articles 632 et suivants du Code de commerce une énumération des opérations qui sont commerciales. Il n'a par conséquent pas visé dans l'article 529 du Code civil les sociétés d'industrie qui feraient des actes vraiment commerciaux en s'entremettant dans la chaîne de la circulation pour augmenter la valeur économique du produit.

Il a entendu rassembler dans son expression large toutes les opérations que peuvent entreprendre les sociétés sans préjuger leur caractère civil ou commercial (1).

____

(1) C'est bien l'interprétation qu'il faut donner au mot industrie. C'est le sens que le législateur y attache. On n'a pour s'en convaincre qu'à rapprocher de l'article 529, l'article 1498 qui fait tomber

La société civile rentre donc sous l'article 529, car elle est assurément une société d'industrie puisqu'elle met en œuvre l'activité humaine.

On ne comprendrait pas d'ailleurs pourquoi il en serait autrement si l'on se reporte aux explications qui ont été données dans les travaux préparatoires.

Nous y lisons dans le rapport fait par Savoye-Rollin au Corps législatif: « Les actions ou intérêts... sont meubles. Ce n'est là qu'une application de la règle adoptée pour les actions sur des immeubles. La mesure d'un droit est l'acte même auquel il se rapporte ; l'espèce de l'acte détermine toujours l'espèce du droit... Les bénéfices du commerce sont des mobiliers. On prévoit même le cas où ces compagnies auraient acquis des immeubles. Nul doute que ces immeubles ne changeraient pas de nature à l'égard des tiers, mais ils seraient convertis en meubles à l'égard des associés pendant toute la durée de l'acte social. C'est le même principe poussé dans ses dernières conséquences (1). »

Treilhard s'exprimait plus élégamment : « Les actions sont des meubles parce que les bénéfices qu'elles procurent sont mobiliers. La règle est juste même quand la société a dû acquérir quelques immeubles pour l'exploitation de l'entreprise : cette entreprise

dans la communauté réduite aux acquèts, les produits de *l'industrie* commune.

(1) Locré, t. 8, p. 76.

est toujours le principal objet de l'association dont l'immeuble n'est que l'accessoire et la qualité d'une chose ne peut être déterminée que par la considération de son objet principal (1). »

Il résulte de ces deux citations que la part de l'associé est meuble parce qu'elle est avant tout un droit à des bénéfices, que ces bénéfices soient distribués ou non, qu'ils soient convertis en meubles ou en immeubles.

La vérité juridique, selon nous, n'est pas que l'immeuble est converti en meuble à l'égard de l'associé, comme le dit Savoye-Rollin, que la partie immobilière du droit de l'associé disparaît devant la partie mobilière plus importante de ce droit, en vertu de la règle, *accessorium sequitur principale.*

Elle se trouve dans la constatation de ce fait que le droit de l'associé est avant tout considéré *dans sa valeur de partage* (2), qu'il sera forcément alors ramené à une somme d'argent, commune mesure nécessaire à la distribution de la masse indivise, et qu'ainsi envisagé, il est essentiellement un droit

(1) Locré, t. 8, p. 47.

(2) Goupil-Prefeln, dans son rapport au tribunat, le dit expressément : « L'associé n'est pas propriétaire de sa portion de l'immeuble dont il ne peut user, mais de sa portion dans la valeur de cet immeuble. » Locré, *Lég. civ. et com.*, t. 8, p. 65.

Pour Goupil-Prefeln le propriétaire des biens sociaux est la société, personne morale. Il fait nettement la distinction entre la propriété actuelle du bien social qui appartient à la société, et la valeur de partage de ce bien.

mobilier. Il n'en est pas moins vrai que pendant l'indivision les associés possèdent les biens de la société, meubles et immeubles. Mais, leur part indivise est mobilière parce qu'elle leur donne droit à une somme déterminée.

Cette conception était peut-être celle de Savoye-Rollin quand il déclarait que l'immeuble était converti en meuble. Il ne voulait certes pas dire que le bien changeait de nature, même à l'égard de l'associé, ce qui eût été une absurdité. Il lui donnait sa qualité véritable, celle qui commandait l'événement du partage. Si l'associé avait, pendant l'indivision, un ensemble de droits mobiliers et immobiliers, il résultait de ce qu'ils étaient en commun qu'un partage aurait lieu, que chaque associé viendrait pour une somme fixe, déterminée par la valeur des biens sociaux, à charge d'abandonner tous ses droits indivis. On pouvait donc dire que la part de l'associé lui donnant droit à une somme d'argent était mobilière.

Quelle que soit l'explication adoptée, il est certain qu'elle s'applique aux sociétés civiles et aux sociétés commerciales. Toutes poursuivent la réalisation de bénéfices. Toutes finissent par un partage. Je crois donc que la conclusion s'impose. Même si l'article 529 n'existait pas, l'on devrait décider que le droit de l'associé est meuble, en matière civile comme en matière commerciale.

SECTION II. — **Administration de la société.**

Administrer une société, c'est faire tous les actes qui sont nécessaires à la réalisation du but poursuivi : la mise en valeur du capital social. Qui aura qualité pour les accomplir et quelle sera la cause juridique immédiate qui procurera ce droit ?

Si l'on appliquait à la société les principes de la copropriété, il faudrait exiger le concours de tous les associés pour qu'un acte d'administration pût être valablement fait, à propos du patrimoine social.

Mais ce concours sera souvent difficile à obtenir et il est des situations qui demandent une décision rapide. Les copropriétaires auront donc intérêt à donner à l'un d'eux les pouvoirs nécessaires à l'administration.

On peut concevoir deux façons d'arriver à ce résultat : par l'emploi d'un simple mandat, ou par une cession du droit de disposition des biens indivis. Dans le premier cas, les associés auront comme tout mandant le droit de faire encore les actes qu'ils ont chargé leur mandataire d'accomplir. Dans le second, ils ont abandonné tout droit de disposition, abandonné une des prérogatives que confère le droit de copropriété (1). Mais si la distinction spéculative

(1) On peut expliquer ce résultat si l'on veut en disant qu'il y a là

est possible, elle n'a pas de véritable importance pratique. Les copropriétaires ne peuvent, en effet, accomplir ces actes d'administration qu'en agissant en commun. L'adhésion de leur mandataire sera donc nécessaire pour tous les actes qu'ils voudront passer. La différence n'éclaterait que si le mandat était conféré à un tiers. Les copropriétaires pourraient gérer en même temps que leur mandataire. Il en serait autrement s'ils avaient cédé leur droit de disposition. Ils seraient dans une situation comparable à celle d'un nu propriétaire. Celui-ci a perdu pour un temps le droit de jouissance. Les associés auront le bénéfice des résultats de l'administration sans pouvoir gérer eux-mêmes. Ils ont perdu le droit de disposition.

Quoi qu'il en soit de cette distinction, qui, nous l'avouons, ne semble pas admise par nos lois. le Code permet aux associés de conférer à l'un d'eux ou à un tiers la gestion des affaires sociales. On admet unanimement qu'il y a là un mandat et que les principes du mandat seront applicables. Le Code indique seulement dans l'article 1856 que « l'associé chargé de l'administration par une clause spéciale du contrat

---

un mandat donné, avec obligation de ne pas faire pour le mandant. Aux termes de ce mandat il s'interdit d'accomplir les actes dont il confie l'exécution à son mandataire. Il n'en est pas moins vrai que l'on peut y voir aussi une cession du droit d'accomplir ces actes. Cette cession est une opération juridique qui confère au gérant le droit d'administrer et enlève ce droit au cédant.

de société peut faire, nonobstant l'opposition des autres associés, tous les actes qui dépendent de son administration, pourvu que ce soit sans fraude, que ce pouvoir ne peut être révoqué sans cause légitime tant que la société dure ». Le même article oppose au gérant statutaire celui qui est nommé postérieurement au contrat de société. Il est révocable comme un autre mandataire.

Toutefois cette différence entre la révocabilité des pouvoirs donnés à l'administrateur par le contrat de société, et ceux donnés par un acte postérieur, n'existe que si les associés n'ont pas exprimé une volonté contraire, et l'on s'accorde à reconnaître qu'ils peuvent déclarer révocables les fonctions de l'administrateur nommé par le contrat de société, et à l'inverse, déclarer irrévocables les pouvoirs de l'administrateur donnés par un acte postérieur.

Dans le premier cas, la révocabilité de ses fonctions devient une des conditions du pacte social ; et dans le second les associés ont voulu que la nomination de l'administrateur eût le même effet que si elle avait été faite dans le contrat même de société, ce qui n'a rien de contraire ni à l'intérêt de la société, ni à l'intérêt des tiers (1).

Si les associés n'ont pas inséré dans leurs statuts

____

(1) V. Guillouard, *Traité du contrat de société*, p. 203, que nous citons textuellement, V. aussi : Troplong, *Société*, 1, n° 699 ; Duverger, *Société*, n° 294 ; Pont, *Société*, n° 506.

de clause relative à l'administration, vont-ils en être réduits aux principes de la copropriété ; faudra-t-il le concours de tous les associés pour chaque acte d'administration ?

Le Code aurait pu le décider, mais en rendant ainsi impossible la vie de la société.

Une autre conception s'offrait, c'était de permettre à chacun d'administrer, de faire tous les actes nécessaires à la réalisation du but poursuivi.

Le législateur n'a pas été jusque là. Il a donné aux associés un droit d'administration restreint (1). Il suppose que les associés se sont donné réciproquement *mandat* tacite de gérer. Mais ce n'est là qu'une présomption qu'ils peuvent combattre en s'opposant à l'acte avant qu'il soit conclu.

Pour les opérations de quelque importance, il applique franchement les principes de la copropriété, il exige le concours de tous les associés (2).

(1) La détermination des actes d'administration a beaucoup exercé les commentateurs. Il ne rentre pas dans notre cadre de l'étudier.

(2) L'article 1859-3° dit que « chaque associé a le droit d'obliger ses coassociés à faire avec lui les dépenses qui sont nécessaires pour la conservation des choses de la société ». Peut-on expliquer cette disposition par l'idée de mandat tacite ? Il faudrait au moins dire alors que la présomption qu'établit la loi est une présomption qui n'admet pas la preuve contraire, que les associés ne peuvent le rompre en s'opposant à l'exécution de l'acte. L'explication nous semblerait forcée. Pourquoi recourir à l'idée de mandat, pourquoi recourir toujours aux mêmes idées connues, quitte à créer des présomptions quand les principes anciens ne s'adaptent pas à la réalité des faits ? Il ne s'agit pas ici de mandat. Nous sommes en présence d'une de ces nombreuses charges réelles que la loi établit pour le

Mais ce qu'il nous importe de retenir, c'est que si le Code ou les parties s'éloignent des principes de la copropriété, on explique le résultat obtenu par l'idée bien public, analogue à celle que crée l'article 815 quand il permet à l'un des communistes de demander le partage nonobstant la volonté contraire des autres intéressés.

Si l'on appliquait les principes de la copropriété dans toute leur rigueur, il en résulterait que les copropriétaires ne pourraient être forcés de faire des dépenses pour conserver la chose. Ils auraient le droit de la laisser périr. Ceux d'entre eux qui voudraient sauvegarder leurs droits auraient à prendre à leur charge toutes les mesures qu'ils jugeraient utiles. Le droit réel en lui-même, tel qu'on le conçoit, ne crée pas des obligations à la charge de son titulaire.

Mais soucieux de l'intérêt général, l'État qui est en somme la source des droits qu'ont les individus, puisque ceux-ci vivent sous sa dépendance, l'État devait modifier ces effets mauvais qu'entraînait la conception du droit réel (comme il le fit aussi à propos de la copropriété d'un mur mitoyen).

Le législateur permit à l'un des associés de contraindre les autres à subir leur part des dépenses qu'occasionnerait la conservation d'un bien commun. Il modifiait ainsi les prérogatives que confère le droit de copropriété. Il organisait un régime légal sur une base meilleure.

Tandis que, dans la copropriété ordinaire, les communistes n'ont pas le droit de forcer directement les autres intéressés à contribuer aux dépenses de conservation, qu'ils n'ont qu'un moyen indirect dans la menace de demander le partage, les coassociés qui ne peuvent pas demander le partage pendant la durée de la société, ont un autre moyen, certain, pour arriver à la conservation du patrimoine social, c'est de faire les dépenses nécessaires. La loi rendra ces actes d'administration opposables aux autres associés.

On le voit, il ne s'agit pas ici d'un mandat tacite qu'auraient les associés de faire les actes nécessaires à la conservation des choses de la société.

Qu'est-ce qu'un mandat tacite qui n'existe pas en réalité, qui est démenti par celui auquel on l'oppose. Qu'est-il besoin d'un mandat légal ? L'article 1859-3° s'explique plus simplement par cette idée que la loi organise un régime de la copropriété conforme aux intérêts économiques et qu'elle indique dans ce but les droits et les charges qui résultent directement de l'état d'indivision en matière de société.

de mandat. On laisse toute liberté aux intéressés pour établir les règles de la gestion de la société.

Boutteville, dans son rapport au Tribunat, disait :

« Quant à l'administration du fonds social, comment la sagesse du législateur peut et doit-elle intervenir sur ce point ? D'abord par la sage précaution d'avertir ici comme sur toute espèce de convention, des inconvénients que le silence des contractants ne manque jamais d'entraîner ; en cherchant ensuite à prévoir les clauses les plus usitées ; enfin à suppléer par des règles générales aux lois que les intéressés ont toujours le droit, et souvent seuls le moyen, mais que trop souvent aussi ils négligent de se dicter. »

Il est impossible d'indiquer plus clairement que la volonté des parties est souveraine maîtresse.

Les associés pourront adopter toutes les clauses relatives à l'administration compatibles avec les principes du mandat (1). Ils bénéficieront de toute l'élasticité que comportent les règles de ce contrat. Ils seront représentés par leur gérant dans tous les actes que nécessite la marche de la société, sans qu'ils aient à intervenir. Le gérant devra seulement s'il veut

(1) En tant qu'il s'agit de la disposition des biens sociaux, on peut dire, comme nous l'avons soutenu plus haut, que le gérant peut les aliéner, les administrer en vertu de la cession du droit de disposition que lui ont faite les associés. Mais il n'en reste pas moins vrai que l'idée de mandat devra être invoquée pour légitimer les actes du gérant par lesquels il ne transporte pas de droits réels à des tiers, par lesquels il crée des obligations à la charge des associés ou leur acquiert des créances.

profiter du crédit que lui assure le nombre et la qualité des associés, indiquer qu'il n'agit pas en son propre nom, mais pour le compte d'une société. Il ne sera pas forcé d'ailleurs de mentionner les noms des associés dans les actes qu'il passera.

Nous ne ferions quant à nous aucune distinction entre ces actes qu'ils soient faits en justice ou non. Mais la jurisprudence et la très grande majorité de la doctrine admettent une autre solution.

Si, à propos de l'exercice des actions de la société, on appliquait purement et simplement les règles ordinaires du mandat, le gérant, se présentant comme tel, n'aurait qu'à faire la preuve de ses pouvoirs et les tiers ne pourraient lui contester le droit de poursuivre l'affaire.

Mais on lui oppose la maxime « nul ne plaide par procureur » qui apporte une exception aux règles du mandat et qui, dit-on, est toujours en vigueur. Cette maxime, telle qu'on l'interprète habituellement, ne signifie pas qu'on ne peut se faire représenter en justice, qu'on doit forcément paraître en personne devant les juges. Elle a ce sens plus particulier, que le mandataire ne peut plaider en son propre nom, en masquant son mandant, que celui-ci doit figurer dans tous les actes de procédure (1).

(1) *Sic* : Garsonnet, *Traité de procédure*, t. 1, p. 478 ; Glasson, *Procédure civile*, t. 1, p. 150 ; Naquet, *De la maxime que nul ne peut plaider par procureur si ce n'est le roi. Revue critique de législation ou de jurisprudence*, nouvelle série, t. 4, année 1875, p. 634.

Il en résulte que les sociétés civiles à qui nous avons dénié la personnalité civile, pourront bien agir en justice par l'intermédiaire du gérant, mais que le nom de tous les associés devra immédiatement suivre celui de leur mandataire. C'est là une fâcheuse nécessité, car outre qu'elle est gênante, elle expose à des nullités de procédure qu'entraîneront des mentions inexactes relatives aux associés.

Malgré les décisions conformes de la jurisprudence et de la doctrine, on peut se demander si cette maxime existe toujours dans notre droit comme règle légale, et nous avouons que nous avons là-dessus les plus grands doutes.

Cette règle pouvait s'expliquer dans une législation primitive, où d'une manière générale le mandataire ne représentait pas le mandant. On conçoit encore qu'elle se soit maintenue sous l'ancien régime pour des raisons spéciales, sociales, judiciaires ou fiscales, alors que le principe de la libre représentation était admis (1). Mais devant l'article 1011 du

(1) M. Naquet (*op. cit.*, p. 645) attribue trois causes à la survivance de cette maxime, alors que la libre représentation était admise :

1° « La substitution complète, absolue du procureur au mandant ne présentait pas en fait de grands avantages, et l'on sait que pour abandonner une tradition dont l'origine remonte très haut, il faut que les nécessités de la pratique apparaissent avec évidence ;

2° A raison du privilège de *committimus*, en vertu duquel certaines personnes pouvaient soustraire leurs adversaires à leurs juges naturels, il eût été dangereux d'autoriser des substitutions qui eussent eu pour conséquence de faire intervenir un plaideur pouvant invoquer le privilège de *committimus*, tandis que la partie directement

Code de procédure, on doit convenir qu'elle a disparu. Cet article porte en effet que « toutes lois, coutumes, usages et règlements relatifs à la procédure civile sont abrogés ». La maxime « nul ne plaide par procureur n'étant inscrite dans aucun texte nouveau » ne peut être considérée comme ayant survécu. On invoque, il est vrai, un argument *a contrario* tiré de trois lois, la loi du 8 novembre 1814 sur la dotation de la couronne qui porte que le ministre de la maison du roi exerce les actions judiciaires du roi, celle du 21 mai 1865 qui permet aux associations syndicales libres ou autorisées d'ester en justice par leurs syndics (art. 3), celle du 24 juillet 1867 d'après laquelle « toute société à capital variable quelle que

intéressée ne l'aurait pas eu ;

3° Le désir d'humilier la morgue des grands et de leur faire sentir la suprématie royale. »

Il y a là surtout une question de respect pour la justice. Loysel disait : « Le siège du juge est mieux honoré et plus paré de la *présence* des nobles et vaillants hommes que des personnes des procureurs. »

M. Wahl, dans son cours de procédure civile, fait à l'université de Lille, attribue une autre cause à la survivance de cette maxime. Pour tourner la règle nul ne plaide par procureur on se servit d'un procédé ingénieux. On permit au roi, en vertu de la toute puissance législative qui lui appartenait, d'accorder individuellement au plaideur le droit de se faire représenter en justice, à la condition qu'un impôt serait payé à raison de cette faveur. Il fallait donc des sortes de lettres de grâce qui simulaient une loi particulière dérogeant à la loi générale et le but de cette institution était uniquement d'établir pour le trésor une nouvelle source de revenus. Le roi seul était exempté de plein droit de l'application de l'adage. Le caractère fiscal de la règle aurait ainsi assuré son maintien.

soit sa forme sera valablement représentée en partie par ses administrateurs » (art. 53) (1).

Mais la déduction qu'on tire de ces lois n'est pas forcée.

On dit : ces textes prouvent que la vieille maxime existe toujours. Telle elle était autrefois, telle elle est encore aujourd'hui. « Nul ne peut plaider par procureur hormis le roi. » La loi de 1814 conserve l'exception. Donc la règle a survécu.

Il n'est pas impossible de réfuter cette argumentation. Elle serait inattaquable, si l'on ne pouvait expliquer ces lois que par un échec apporté à notre adage. Mais il en est tout autrement. Comme l'a fait très justement remarquer M. Naquet, « ces lois n'ont eu ni pour objet, ni pour but de rappeler l'exception au principe que « nul » etc... et ce qui le prouve, c'est qu'elles s'expliquent tout naturellement si l'on suppose un principe opposé. Si l'on suppose en effet la liberté absolue de la représentation, il sera tout naturel que la loi désigne ceux qui devront représenter le souverain. N'est-ce point ainsi qu'on agit toutes les fois qu'on veut sauvegarder les droits des personnes qui par leur situation ne peuvent comparaître en justice ? La loi ne nomme-t-elle pas les mandataires des mineurs, des interdits, du failli (2) » ?

Ces lois sont donc insuffisantes pour établir que la

(1) V. Garsonnet, *op. cit.*, p. 482.
(2) Naquet, *op. citat.*, p. 650 ; *Sic* Wahl à son cours.

règle « nul ne plaide par procureur » est toujours en vigueur.

Et cependant une jurisprudence constante la consacre.

Se plaçant au point de vue pratique et devant les solutions des arrêts, on doit se demander si les associés ne peuvent se débarrasser de la gêne qu'elle leur apporte dans leurs relations avec les tiers. Nous arriverons sans trop de peine à démontrer que les associés ont un moyen facile de la rendre inoffensive.

Les décisions les plus récentes de la jurisprudence (1), pour ne citer que celles-là, reconnaissent que la maxime n'est pas d'ordre public et que les intéressés peuvent renoncer d'avance à s'en prévaloir. Si donc le tiers contre lequel le gérant agit en justice consent à ne pas voir figurer dans les actes de procédure le nom de tous les coassociés qui sont parties au procès, le gérant pourra agir en son nom, ou mieux comme représentant de la société, désignant ainsi sous cette mention vague de la société la masse des associés.

Mais ce moyen n'est pas encore pratique. Il est peu probable que le tiers, au moment du procès, soit disposé à complaire à ceux avec lesquels il est en désaccord.

On trouve la solution de la difficulté dans les prin-

____

(1) V. Cassation, S. 1896. 1. 140 ; Paris, S. 1895. 2. 134 ; Cassation, 1890. 1. 157 ; 1886. 1. 70.

cipes du mandat lui-même. La procuration contient la loi qui règle les rapports du mandant avec les tiers. C'est là que ceux qui veulent traiter avec le mandataire doivent aller chercher la volonté du mandant. Si ce mandant leur impose dans la procuration des conditions qui leur déplaisent, ces tiers ne traiteront pas. S'ils passent outre, s'ils contractent avec le mandataire, ils sont censés avoir accepté toutes les clauses dérogatoires au droit commun, que le mandant a stipulées par avance. Dans notre cas spécial, s'il est dit dans la procuration que le mandataire aura qualité pour agir au nom du mandant à raison de toutes les contestations qui naîtront des contrats passés par lui, sans qu'on puisse lui opposer la règle : nul ne plaide par procureur, le tiers qui aura contracté avec ce mandataire sera réputé avoir accédé à la condition imposée.

Nous sommes donc autorisés à conclure qu'en matière de société, si les statuts contiennent une clause de ce genre, le gérant pourra exercer toutes les actions en justice que nécessiteront les actes de gestion sans avoir à indiquer dans les actes de procédure les noms de ses mandants.

Nous arrivons ainsi à ce résultat que les associés peuvent librement user des principes du mandat pour l'administration de leur société, et que sous la seule condition de préciser les pouvoirs du gérant en ce qui concerne le droit d'exercer les actions sociales en justice, ils seront représentés par leur mandataire suivant les règles modernes de la représentation.

SECTION III. — **Responsabilité des associés.**

Le système du Code est indiqué dans l'article 1863 : « Les associés sont tenus envers le créancier avec lequel ils ont contracté, chacun pour une somme et une part égales, encore que la part de l'un d'eux fût moindre, si l'acte n'a pas spécialement restreint l'obligation de celui-ci sur le pied de cette dernière part. » Le Code fait à la société l'application des principes du droit commun. Quand plusieurs personnes s'engagent ensemble, l'obligation se divise entre elles. Le législateur, en décidant ainsi, interprète la volonté des parties et pense que si elles veulent modifier l'étendue de leur engagement, elles le diront expressément. Le Code fait l'application de ces idées dans l'article 1863. On a proposé de cet article diverses interprétations. Nous pourrions en faire immédiatement la critique. Mais pour une raison de méthode nous en renvoyons l'examen au moment où nous étudierons les différentes modifications que les associés peuvent apporter au régime légal.

Il nous suffit de constater ici d'une manière générale que les articles 1862 à 1864 font aux engagements des associés l'application des principes du droit commun. Nous en avons une preuve dans cette partie du rapport du tribun Boutteville qui disait en parlant des dispositions du titre des sociétés : « Ces articles ne sont que l'application de principes très connus et déjà consacrés. Qu'est-ce en effet que la législation relative aux contrats ? Quelles règles peut-elle tracer ? Quelles obligations peut-elle imposer aux parties si ce n'est celles qui résultent de leur propre volonté ? Le but du législateur n'est-il pas toujours de les ramener à la loi qu'elles se sont faite, à la bonne foi qu'elles se doivent, etc. (1). »

On nous reprochera sans doute le peu de développement que nous avons accordé à l'étude des règles auxquelles la loi soumet les engagements des associés envers les tiers, à défaut de statuts, mais nous aurons l'occasion de les préciser en constatant les modifications que les associés tentent d'y apporter par l'insertion de clauses spéciales dans les statuts de leur société.

(1) V. Fenet, t. XIV, p. 414.

DEUXIÈME PARTIE

MODIFICATIONS QUE LA VOLONTÉ DES ASSOCIÉS PEUT APPORTER AU RÉGIME LÉGAL.

Le régime que la loi accorde aux sociétés civiles pour leurs rapports avec les tiers peut se résumer en quelques propositions simples.

Le patrimoine social est affecté uniquement au paiement des créanciers sociaux. A défaut de statuts les associés ont tous des pouvoirs restreints d'administration. Ils sont responsables des engagements sociaux sur tous leurs biens suivant leur nombre et non suivant leur part.

L'indigence des dispositions du Code s'explique, comme l'a dit Boutteville, par cette idée qu'on veut exciter les associés à rédiger des statuts.

Nous allons nous demander jusqu'où peut aller leur liberté dans le choix des clauses qu'ils ont intérêt à adopter.

Notre plan nous est indiqué par la manière dont les sociétés civiles se sont comportées: Elles ont emprunté au droit commercial les formes qu'il a créées pour les sociétés de commerce. Nous savons déjà que, pour ces dernières, on employa un système tout différent de celui dont on s'était servi pour les sociétés civiles.

Le législateur prit le soin d'examiner les principales clauses que les associés pouvaient avoir le désir d'adopter pour déterminer le mode d'administration et surtout l'étendue de la responsabilité des associés à raison des engagements sociaux et il organisa des formes commerciales. Il leur donna des noms et l'on eut ainsi la société en nom collectif, la société en commandite, la société anonyme, l'association en participation. On obtenait par là un premier résultat en créant des moules dans lesquels les associés pouvaient façonner aisément leurs statuts. On en poursuivait surtout un second. On voulait, en mettant sur chaque société une sorte d'étiquette indicatrice des droits des tiers, permettre à ceux-ci de connaître rapidement les garanties sur lesquelles ils pouvaient compter. Le système était complété par la publication des statuts au greffe des tribunaux et dans les journaux. Cette publicité permettait de mettre à la charge des tiers une présomption de connaissance des statuts.

Les sociétés civiles songèrent tout naturellement à bénéficier de cette réglementation. Elles se bornèrent quelquefois à emprunter au droit commercial des clauses particulières qu'elles inséraient dans leurs statuts, mais le plus souvent, elles adoptaient une forme commerciale.

Nous rechercherons si elles pouvaient valablement agir ainsi. Dans un premier chapitre, nous nous demanderons si une société civile peut employer les clauses particulières que contient chaque forme commerciale. Elles n'ont trait d'ailleurs qu'à l'administration et à la responsabilité des associés. Elles ne se réfèrent pas à la condition du patrimoine social qui dans toute société est affecté au paiement des créanciers sociaux. Nous diviserons cette étude en autant de sections qu'il y a de formes commerciales reconnues par le Code de commerce. Dans un second chapitre, nous rechercherons quels sont les effets que produit l'adoption d'une forme commerciale par une société civile et nous ferons deux sections spéciales, dont l'une se rapportera à l'examen de cette question pour les sociétés civiles constituées avant la loi du 1er août 1893, et l'autre étudiera les réformes effectuées par cette loi.

CHAPITRE PREMIER

SECTION I. — **Clauses de la société en nom collectif.**

Une société civile peut-elle insérer dans ses statuts les clauses relatives à l'administration et à la responsabilité des associés qui caractérisent les statuts des sociétés en nom collectif ?

L'affirmative n'est pas douteuse.

§ 1.

Chacun des associés en nom collectif peut faire tous les actes d'administration que comporte la réalisation du but social. Ils ont les pouvoirs les plus étendus. Il y a là comme un mandat général d'administrer que les associés se sont conféré réciproquement. Rien ne s'oppose en matière civile à ce que deux personnes se donnent ainsi mandat général d'administrer leur patrimoine. Deux associés pourront de même s'accorder le droit de faire tous les actes que nécessitera la gestion de la société.

§ 2.

Les associés en nom répondent solidairement sur tous leurs biens du paiement des dettes de la société.

L'article 1862 déclare que les associés civils ne
sont pas tenus solidairement des dettes sociales. Leur
enlève-t-il par là le droit de s'engager solidairement ?
Evidemment non. Il veut poser ce principe qu'en
l'absence d'une clause expresse les associés ne seront
pas tenus solidairement, que les dettes se diviseront
entre eux d'après leur nombre. Il rappelle les dispositions du titre des obligations.

Mais les débiteurs peuvent toujours donner à leurs
créanciers les garanties qu'il leur plaît d'accorder.
Ils le peuvent quand ils contractent par eux-mêmes,
ils ont encore ce droit quand ils contractent par mandataire. Par application des principes du droit commun, les associés pourront donc indiquer dans leurs
statuts qu'ils s'engagent à répondre solidairement
des dettes sociales sur tous leurs biens (1-2).

(1) On ne peut refuser d'admettre des conclusions aussi éviden-
tes. Voici comment s'exprimait Pothier sur ce point : « La solidité
étant une exception au droit commun et étant fondée sur une raison qui est particulière aux sociétés de commerce ne doit pas s'é-
tendre aux autres et lorsque deux associés (qui ne le sont pas pour
un commerce) contractent, quoique pour les affaires de leur société,
ils ne s'obligent pas solidairement envers le créancier, mais seulement chacun pour sa part, *à moins que la solidité ne soit formellement
exprimée* » (T. IV, édition Bugnet, p. 279).

Treilhard, dans son exposé des motifs fait au Corps législatif, était
encore plus précis. « Les dettes de la société sont supportées égale-
ment par tous ses membres ; ils ne sont point solidaires entre eux
lorsque l'acte qui les a réunis ne présente rien de contraire... Vous
avez consacré la maxime qu'une obligation n'est solidaire que lorsque le titre donne expressément le droit de poursuivre chacun des
débiteurs pour le tout : la disposition du projet sur ce point n'est
qu'une application de cette disposition générale déjà sanctionnée »
(Locré, t. XIV, p. 524 et 525).

(2) Sur l'histoire de la société en nom collectif et des principes

SECTION II. — **Clauses de la société en commandite**.

Nous ne ferons pas deux paragraphes distincts pour l'examen des clauses relatives à la responsabilité des associés et à l'administration de la société, car les deux questions ne peuvent être séparées pour la société en commandite. Nous constaterons que c'est pour la même raison que le commanditaire n'est tenu que sur sa mise, et qu'il se trouve dans l'impossibilité de gérer.

Dans une société en commandite, nous trouvons deux sortes d'associés : les uns ont la situation d'associés en nom collectif, ce sont les commandités ; les autres, qu'on nomme commanditaires, ont une situation particulière que nous devons exposer brièvement.

Ils ne peuvent être poursuivis sur tous leurs biens à raison des dettes sociales. Leur part seule de société peut être absorbée par le paiement des créanciers sociaux. Cette faveur accordée aux sociétés commerciales par un texte formel peut-elle être aussi reconnue à des sociétés civiles ? Ne trouve-t-on pas pour la leur refuser un argument puissant dans l'article 2092 du Code civil ?

Aux termes de cet article, le créancier a pour

qu'elle met en mouvement, V. Karl Adler, *Zur Entwicklungslehre und Dogmatik des Gesellschaftsrechts* (I).

gage tous les biens de son débiteur. Pour qu'on puisse y déroger, il faudra démontrer qu'il est interprétatif de volonté, qu'il n'est pas d'ordre public.

Mais nous n'aurons pas à aller jusque-là. Pour bénéficier de l'article 2092, il faut être créancier. Si nous parvenons à démontrer que le commanditaire n'est pas débiteur des créanciers sociaux, ceux-ci ne pourront avoir la prétention de le poursuivre, et l'article 2092 sera hors de cause.

Pour qu'une personne puisse être débitrice d'une autre, il faut qu'elle s'engage personnellement ou qu'elle ait donné mandat de contracter pour elle. Le tiers qui prétend être son créancier doit, dans ce dernier cas, faire la preuve que ce pouvoir existe. L'article 1862 déclare qu'un associé ne peut obliger les autres si ceux-ci ne lui en ont donné le pouvoir et l'article 1863 confirme cette argumentation : « Les associés sont tenus envers le créancier avec lequel ils ont contracté. » Donc « l'associé qui a fourni des fonds, qui a limité sa contribution à sa mise, qui n'a pas figuré au contrat n'est pas au nombre de ceux sur lesquels pèse l'obligation » (1).

Mais, on répond (2) que le commanditaire a donné tout au moins pouvoir tacite de l'engager, par cela seul qu'il est associé et que tous les actes faits dans

_____

(1) V. note de M. Labbé sous Cassation, 21 février 1883, S. 84. 1. 361.

(2) Paul Pont, *Rev. crit.*, 1884, p. 525 et suivantes.

les limites du mandat, conformément aux art. 1859 et 1860, obligent les associés.

L'article 2092 reprend alors son empire. On rend même son intervention inutile en invoquant l'article 1863 qui établirait pour les associés une responsabilité à laquelle ils ne pourraient se soustraire. Il aurait le même caractère que l'article 22 du Code de commerce. Il établirait une garantie sur laquelle les tiers auraient le droit de compter et que les associés ne peuvent arbitrairement leur enlever.

M. Labbé essaye de réfuter cette théorie de M. Paul Pont, provoquée par un arrêt dans ce sens de la Chambre des requêtes du 21 février 1883. Il s'appuie sur l'article 1855 qui, dit-il, n'a pas de sens, s'il ne détermine pas ce qui, étant contraire à l'essence de la société, n'est pas valablement convenu dans une société, et si, d'autre part, en dehors de ce point, il ne laisse pas toute latitude à la volonté des parties. Il est essentiel que les associés aient un intérêt commun, la perspective éventuelle d'une perte commune. Il n'est pas essentiel que les associés soient personnellement obligés envers les tiers, en vertu de contrats faits par d'autres, même pour le compte de la société.

Mais on peut alors faire remarquer à M. Labbé qu'il s'agit dans l'article 1855 de la contribution des associés aux pertes et non de leur obligation aux dettes de la société, que cet article n'a pas forcément, comme il le croit, la portée qu'il lui attribue.

L'article 1864 lui semble « topique ». Un contrat fait *nomine sociali* ne lie que l'associé contractant et non les autres à moins que ceux-ci ne lui aient donné pouvoir. Or ceux-ci ne lui ont donné que le pouvoir d'engager une partie de leurs biens, celle qu'ils ont mise dans la société.

Mais, devant la faiblesse de l'argument tiré de l'article 1855, il en faudrait trouver un autre pour démontrer que les associés peuvent limiter leur responsabilité à leur mise. Nous avons, il est vrai, l'article 1863 qui semble le permettre, à condition que le créancier y ait consenti. C'est ce qui a permis à la chambre des requêtes de dire qu'il est loisible aux créanciers de renoncer à leur droit intégral de poursuite. Et poussant cette idée plus à fond, on soutiendrait (1), à juste titre selon nous, que cette renonciation peut être tacite, qu'elle résulte de la présentation aux créanciers de la clause qui contient la limitation de responsabilité, et, faisant un pas de plus, on dirait que les tiers qui contractent avec un mandataire doivent se faire présenter la procuration, source de ses pouvoirs, et que s'ils contractent sans protester contre la clause, ils sont censés l'accepter. Ce sont des idées sur lesquelles nous aurons d'ailleurs l'occasion de revenir à propos de la société anonyme.

(1) Dreyfus, *Soc. civiles à formes commerciales*, Thèse Paris, 1887, p. 117 et suiv. *Contra*: Vavasseur, *Traité des sociétés*, p. 478 et suiv.

Mais ce n'est pas à elles que nous ferons appel pour écarter du commanditaire les poursuites des créanciers sociaux.

Nous soutenons qu'il n'est pas leur débiteur, qu'il n'a pas donné au gérant mandat de l'obliger, même dans la mesure de sa part, qu'il n'est pas tenu personnellement.

Quelle est donc l'opération qui intervient entre commanditaire et commandité ?

Cette opération est tout intime et ne met en rapport que les deux parties qui la font. Nous l'appellerons le contrat de commandite et nous la définirons ainsi : un contrat aléatoire par lequel une personne fournit à une autre des valeurs que celle-ci fera fructifier par son industrie dans une entreprise, en se soumettant aux risques de l'affaire et moyennant une rémunération déterminée par les bénéfices obtenus.

Le commanditaire n'apparaît pas sur la scène juridique. Le commandité met sa personnalité en avant et couvre toute l'affaire.

L'histoire de la commandite prouve la vérité de notre définition.

Prenons le contrat de commande tel qu'il se forme au moyen âge. Un riche commerçant veut étendre son cercle d'opérations. Il s'adresse à un homme d'initiative, lui confie des valeurs et l'envoie dans une région lointaine qu'il lui assigne comme département avec la mission de l'exploiter par le commerce. Il abandonne à son subordonné une partie des bénéfices qu'il réalisera. Mais il est le directeur, fait la loi du contrat. Il reste propriétaire du pécule confié, assume tous les risques de l'entreprise. Le rôle prépondérant lui appartient (1).

L'agent contracte en son nom, rarement au nom du bailleur de fonds (2). Quoi qu'il en soit, les effets des contrats n'atteignent sûrement pas alors les deux personnalités du complimentaire et du commanditaire. Ils se réalisent uniquement dans la personne de l'un d'eux, sauf au moment du règlement des comptes à procéder à la répartition des bénéfices entre eux. Bien qu'il existe une communauté d'intérêts, rien ne l'indique au dehors.

Mais, l'homme d'entreprise devait prendre une influence croissante dans le contrat. Et, dès le XIIIe siècle, il devient en effet propriétaire des choses qui lui étaient confiées (3), et il agit désormais toujours en son propre nom.

Le contrat de commandite ne peut donc alors être assimilé à un mandat. On était en présence d'un contrat *sui generis* distinct du louage de services, puisqu'il n'accordait pas une rémunération ferme, distinct

(1) V. Willy Silberschmidt, *Die commenda*, p. 85.
(2) *Id.*, p. 92.
(3) Pertile cité par Silberschmidt, *op. citat.*

de la société puisqu'il ne produisait pas un patrimoine social formé des apports des associés.

On fut cependant frappé de ce fait qu'il y avait partage de bénéfices à la suite d'opérations réalisées par un individu avec le concours des capitaux d'un autre, et comme l'importance de l'agent avait cru de façon telle qu'elle égalait celle du capitaliste, l'on constata qu'économiquement la production des bénéfices était l'œuvre égale des deux participants. On était ainsi tout naturellement amené à les assimiler à deux associés dont l'un fournissait comme apport son industrie et l'autre des valeurs. Leur rôle qui était équivalent au point de vue économique leur valut une égalité de situation juridique. Le contrat de commande ancien qui ne faisait pas apparaître cette égalité fut remplacé par le contrat de société en commandite. Ce ne fut pas sans de vives controverses. Toute l'école italienne considère, en effet, la commandite comme une association en participation. Le cardinal de Luca (ou Deluca) dit qu'elle est *simplicem participationem, non autem societatem* (1). Il dit encore : *participes sunt, non socii* (2). Casaregis dit du commanditaire : *Habet tantum interesse pro rata capitalis immissi* (3). Et aussi *Commandantes non sunt socii, neque in jure formali negotii consideran-*

(1) *De credito* (disc. 89, n° 7).
(2) *De locat.* (disc. 27).
(3) Casaregis (disc. 29, n° 24).

tur condominii, sed solum sunt participes (1). De même Jorio : *I comanditanti non sono socii, ma solamente participi* (2). Cette résistance se comprenait à merveille. La commandite était un contrat particulier et il n'était nullement besoin de la revêtir du manteau de la société. Les auteurs italiens n'étaient d'ailleurs pas inspirés seulement par des motifs juridiques. Ils voulaient permettre aux nobles de pratiquer la commandite sans déroger et pour cela ils voulaient conserver au contrat de commandite son caractère ancien.

Mais leurs idées ne prévalurent pas et nous voyons l'ordonnance de 1673 donner à la commandite le caractère et le rôle d'une véritable société (art. 1er).

Malgré cette transformation juridique de surface, l'état de choses ancien ne changea guère. Le patrimoine social devint, il est vrai, la copropriété des associés, mais le commanditaire ne fut pas représenté par son coassocié dans la gestion de l'affaire.

Il restait inconnu du public. Les tiers savaient seulement par la raison sociale qu'une partie des biens de la société avait été fournie par des associés invisibles. Mais peu leur importait que le patrimoine social fût la propriété exclusive du gérant ou qu'il le partageât avec d'autres, puisque le commanditaire, par la clause de commandite elle-même, avait cédé

(1) Casaregis, disc. 29, n° 38.
(2) Jorio, *Giurispr. del. comm.*, t. 25.

au gérant son droit de disposition des biens qu'il apportait et que le gérant avait par suite le droit de le leur engager tout entier. Qu'on le remarque bien : il n'agit pas en vertu d'un mandat. Le commanditaire avant la transformation du contrat de commande, rendait le complimentaire propriétaire des biens qu'il lui confiait. Le complimentaire avait sur eux tous les pouvoirs inhérents à la propriété. Il avait le droit de jouissance et le droit de disposition. Le caractère nouveau attribué au contrat de commande, le vêtement dont on le couvrait devait certes produire des effets. Il créait un patrimoine social dont le commanditaire avait une part. Mais il laissait au complimentaire le droit de jouissance et de disposition des biens sociaux. Le commanditaire n'avait qu'un droit nominal, moins qu'une nu-propriété. Sa situation juridique était donc inférieure à celle du complimentaire. Son importance économique s'affaiblit aussi de plus en plus. Ainsi donc le commanditaire s'effaça devant l'homme d'action. De promoteur, de chef d'entreprise qu'il était au début, il devient un prêteur de deniers.

Et c'est en somme la situation qu'il a aujourd'hui, au point de vue économique et au point de vue juridique. Elle perce jusque dans les expressions de notre Code de commerce.

« La société en commandite, dit l'article 23, se contracte entre un ou plusieurs associés responsables

et un ou plusieurs associés *simples bailleurs de fonds*
qu'on nomme commanditaires ou associés en commandite. » L'article 24 *in fine* les appelle aussi des
bailleurs de fonds.

L'interdiction de gérer édictée contre lui confirme
encore cette opinion. Qu'est-ce qu'un associé qui ne
peut gérer ? (art. 28, C. com. français ; art. 158, C.
com. allemand).

On a essayé de donner différentes explications de
cette interdiction d'aliéner. La meilleure, selon nous,
est celle qu'a proposée M. Thaller. Le commanditaire
ne peut gérer parce que l'on veut laisser le rôle important à l'homme d'action. C'est conforme à la
vérité économique. Et cette prescription est juste si
l'on songe qu'il est responsable des engagements
sociaux sur tous ses biens. Il est juste que puisqu'il
en est responsable, ce soit lui seul qui puisse librement les consentir. Et d'ailleurs, juridiquement parlant, il serait inconcevable que le commanditaire
pût gérer, puisque par la clause de commandite elle-
même, reproduction du contrat de commande, tel
qu'on le pratiquait au moment où on le cristallisa
pour ainsi dire dans le contrat de société, il s'écarte
lui-même de la gestion. S'il fait un acte de gestion,
il rompt le pacte et devient pour l'affaire un associé
en nom. Il a pris la liberté d'agir, il devient responsable de son acte. Si les affaires qu'il a ainsi traitées
sont nombreuses, sa volonté de s'occuper de l'entre-

prise comme associé en nom est clairement établie, il y a formation tacite d'un contrat de société en nom collectif, et il devient avec ses coassociés solidairement responsable des engagements sociaux (art. 28). Mais s'il se cantonne dans son rôle de bailleur de fonds intéressé à l'entreprise, il n'agit pas au dehors. Il peut donner des avis et conseils, faire des actes de contrôle ou de surveillance (art. 28, C. français, et art. 160, C. com. allemand). Cela emporte-t-il pour lui le droit de consulter les livres de la société ? Il nous semble que oui, car le contrôle et la surveillance seraient rendus illusoires, s'il ne pouvait se rendre un compte exact de la marche de la société par l'examen des contrats passés par ses administrateurs (1-2). On comprendrait très bien d'ailleurs qu'un bailleur de fonds ordinaire exigeât ce droit de contrôle des opérations de son débiteur,

(1) C'est une question générale qu'on peut se poser : On se demande si toute personne dont les droits sont déterminés par les actes d'une autre a la faculté de consulter les livres que celle-ci doit tenir ou de se faire représenter les pièces qui justifient ces actes. Cette question est complexe et difficile. Elle nous semble devoir être résolue affirmativement. V. Mayer, *De la production des livres de commerce en justice*. Th. Paris, 1898.

(2) Le Code de commerce allemand, plus explicite que le nôtre, autorise le commanditaire à demander copie du bilan annuel et à contrôler son exactitude par l'inspection des livres et papiers (article 160, 1er alinéa). Même pendant le cours de l'année « le Tribunal de commerce, pour des motifs graves, à la requête d'un commanditaire, peut ordonner à toute époque la communication d'un bilan ou d'autres éclaircissements et la production des livres et papiers (art. 160, dernier alinéa).

et c'est ce qui arrive souvent en fait. Le créancier
s'arroge le droit de vérifier la comptabilité de son
débiteur et nous avons même vu un créancier remanier entièrement le système de comptabilité pour
exercer plus facilement sa surveillance.

Si l'on voulait encore un dernier argument
pour admettre que la personne du commanditaire
reste étrangère aux contrats passés par le gérant,
nous indiquerions cet ancien article 43 du Code de
commerce qui prescrit que les noms des commanditaires ne doivent pas figurer dans l'extrait de l'acte
de société qu'on affichera dans les greffes des tribunaux. Et si aujourd'hui la loi de 1867 exige la remise au greffe des statuts entiers de la société, la
publication dans les journaux ne porte pas les noms
des commanditaires (art. 60).

Il résulte donc de tous ces développements que, si
le contrat de commandite est une société, le commanditaire n'est cependant pas l'égal du commandité, il reste à l'écart de sa gestion, sa personnalité
n'apparaît pas sur la scène juridique. Il est un anonyme pour les tiers qui n'ont pas à le connaître et
qui savent seulement son existence par la raison
sociale.

Le seul effet de la transformation du vieux contrat
de commande en contrat de société en commandite
a donc été d'attribuer au commanditaire et au commandité la propriété des biens affectés à l'entreprise,

au lieu de la laisser à l'un d'eux. C'est un effet légal qui résulte de ce que dans une société il doit exister un patrimoine commun.

Mais la clause de commandite a conservé toujours sa nature ancienne et, pas plus aujourd'hui qu'autrefois, l'on ne peut voir en elle un mandat qu'aurait donné le commanditaire avec pouvoir de l'engager dans la mesure de sa mise.

Elle est au fond un contrat aléatoire, un prêt avec rémunération aléatoire. L'attribution du caractère de la société à ce contrat doit lui laisser sa nature intime, autant qu'elle est compatible avec la nature de la société. De l'application des règles de ces deux contrats résultent : la création d'un patrimoine social indivis entre les associés, l'organisation des pouvoirs exclusifs du commandité.

Le contrat de commandite est-il possible en matière civile ?

L'affirmative ne nous semble pas douteuse. Notre Code autorise un contrat du même genre : le bail à cheptel. C'est un contrat, dit l'article 1804, par lequel « on donne à un autre des bestiaux à garder, à nourrir et à soigner, à condition que le preneur profitera de la moitié du croît et qu'il supportera la moitié des pertes. Le bailleur reste propriétaire des choses livrées. Sa rémunération est aléatoire et dépend de l'augmentation du troupeau. Le cheptelier seul s'occupe de l'administration. Le propriétaire n'intervient pas et n'est pas tenu des obligations contractées par le preneur pour sa gestion. L'analogie avec la société est frappante. Deux personnes s'unissent, l'une apporte son industrie et l'autre des bestiaux. De leur concours résulteront des bénéfices ou des pertes. La seule différence avec la société consiste en ce que le bailleur reste propriétaire des animaux. En comblant cette différence, en convenant que les valeurs apportées seront la copropriété des contractants, on crée un fonds commun. La condition essentielle indiquée par l'article 1832 pour qu'il y ait société est réalisée.

Nous pouvons donc conclure qu'on peut dans une société civile insérer les clauses caractéristiques de la commandite (1).

SECTION III. — Clauses de l'association en participation.

Nous plaçons ici l'examen de cette question parce qu'elle sera résolue très facilement après tout ce que nous avons dit sur l'histoire de la société en commandite.

(1) V. Willy Silberschmidt, *Die Commenda in ihrer frühesten Entwicklung bis zum XIII Iahrhundert.*

Goldschmidt, *De Societate en commandite.*

Lastig, *De Comanda.*

Saleilles, *Etude sur l'histoire des Sociétés en commandite, Annales de Droit commercial*, 1895 et 1897.

Endemann, *Studien in der ræmischen, kanonistichen Wirtschaft und Rechtslehre bis gegen Ende des siebzehnten Iahrhunderts*, t. 1.

Paul Viollet, *Histoire du Droit civil français*, p. 760 et suiv.

Dans l'association en participation, la *stille gesellschaft* des allemands (C. de com. allemand, articles 250 et suivants) l'homme d'entreprise est propriétaire des valeurs apportées par le participant. Lui seul est connu des tiers qui ignorent jusqu'à l'existence de son bailleur de fonds. Il y a purement ici l'opération aléatoire que nous indiquions comme étant à la base de la commandite. La seconde opération, la mise en commun du patrimoine affecté au but de l'entreprise n'est pas réalisée. C'est par cela seul qu'en matière civile la société en commandite différera de l'association en participation. Elles sont, en effet, toutes deux occultes car les sociétés civiles n'ont pas à publier leurs statuts, même quand elles prennent la forme commerciale, comme nous essaierons de le démontrer plus loin. Le seul critérium de distinction résidera donc dans le fait de rechercher si le patrimoine appartient en commun aux intéressés ou s'il est la propriété exclusive de l'un d'eux.

Nous avons conclu à la validation des clauses de commandite insérées dans une société civile, nous devons donc *a fortiori* admettre la validité de l'association en participation civile (1).

---

(1) On retrouve dans notre Droit actuel les différentes formes du contrat de commande telles qu'elles furent pratiquées aux différentes époques.

Avec le bail à cheptel nous sommes devant la forme la plus ancienne de ce contrat. Le bailleur reste propriétaire des choses confiées de même que le commendator (le commanditaire) avant le

SECTION IV. — Une société civile peut-elle adopter les clauses relatives à l'administration et à la responsabilité des associés que contient la forme anonyme (1) ?

Dans une société anonyme tous les associés ne sont tenus que jusqu'à concurrence du montant de leur apport. Nous croyons cette formule plus exacte que celle du Code de commerce allemand qui dans son article 207 déclare que les « actionnaires ne sont pas tenus personnellement des obligations sociales ». Cette formule est tout au moins énigmatique et demanderait à être expliquée. La situation n'est en effet pas la même que dans une société en commandite où le gérant agit en son nom propre, comme associé dans la mesure de sa part et en vertu du droit qu'il

13° siècle.

Dans l'association en participation, nous avons le contrat de commande de la seconde époque (V. Silberschmidt, *op. citat.*, p. 141) alors que le complimentaire devenait propriétaire des biens affectés à l'entreprise.

Enfin, par l'application des principes de la Société au contrat de commandite actuelle, nous nous reportons à l'époque de la doctrine Romanisante, suivant l'expression de Lastig, qui valut aux participants l'établissement de la copropriété sur le patrimoine apporté par le commanditaire.

(1) Nous nous plaçons pour discuter la question dans l'hypothèse qui nous est le plus défavorable. Nous négligeons l'article 529 du Code civil et nous supposons qu'il ne s'applique pas aux Sociétés civiles, sinon la question serait résolue puisque le législateur reconnaîtrait aux Sociétés civiles la faculté de se constituer par intérêts et par actions.

a sur la part des commanditaires, qui par la clause de commandite elle-même lui ont cédé leur droit de disposition sur les biens qui constituaient leur apport. Mais, dans la société anonyme, le directeur n'est pas investi de pleins pouvoirs pour la durée de la société. Les actionnaires ont gardé la haute direction de l'entreprise. Ils interviennent dans l'administration de l'affaire et ce sont leurs assemblées qui détiennent la puissance suprême dont les conseils et les directeurs n'ont que des délégations partielles. On peut alors affirmer que ceux-ci sont de simples mandataires.

Dans tous leurs actes, ils découvrent leurs mandants et jamais ils n'agissent en leur propre nom. Les actionnaires sont donc atteints directement, personnellement par les opérations que font les administrateurs de l'entreprise. Mais, d'autre part, il est certain que dans une société anonyme les actionnaires jouissent d'une responsabilité limitée.

Si donc nous voulons établir qu'une société civile peut adopter la forme anonyme, nous devons prouver tout d'abord que, dans une société anonyme, les divers rouages qui assurent le fonctionnement de la société sont reliés entre eux par les règles du mandat.

Nous montrerons ensuite que le droit civil permet à une personne de stipuler de son futur créancier qu'elle ne pourra être poursuivie que sur une partie de ses biens.

§ 1. — La société civile peut-elle adopter un mode d'administration analogue à celui des sociétés anonymes ?

La société anonyme doit avoir, pour sa gestion, trois organes : des administrateurs, des commissaires de surveillance, des assemblées générales d'actionnaires.

Les statuts peuvent décider que les décisions relatives à l'administration seront prises par la majorité des actionnaires réunis en assemblée. Les actionnaires ont la faculté de donner le droit intégral de gérer à l'un deux. Ils peuvent s'enlever ce droit éventuellement, pour le cas où ils seraient en désaccord avec la majorité de l'assemblée.

Les commissaires de surveillance, les administrateurs, le directeur ne sont que des mandataires avec attributions spéciales.

Rien ne s'oppose donc à ce qu'une société civile prenne un mode de gestion analogue à celui d'une société anonyme.

§ 2. — Les associés civils peuvent-ils limiter leur responsabilité à leur mise ?

Il semble illogique au premier abord d'interdire à des associés civils d'adopter la forme anonyme sous prétexte que les actionnaires ne sont tenus des engagements sociaux que sur leur mise. Le but même pour lequel les actionnaires font leurs apports n'indique-t-il pas à quels droits les créanciers peuvent prétendre. Tous les actes qui seront faits à propos de l'ensemble de ces apports ont pour but la conservation et surtout l'augmentation du patrimoine constitué. Les créanciers, semble-t-il, sont prévenus. Leur gage normal, ce n'est pas l'ensemble de la fortune de tous les actionnaires, mais les biens à propos desquels les actes sont faits. Ces biens, ils les connaissent ou pensent les connaître, tandis qu'ils ignorent le nom des actionnaires et le chiffre de leur fortune. Pour eux, le résultat des opérations sociales profite à une collectivité. Il semble donc qu'ils ne puissent pas prétendre poursuivre les actionnaires si ce n'est dans la limite de leurs apports. Mais on répond qu'en matière civile lorsqu'une personne est engagée, elle l'est sur tous ses biens, et l'on invoque l'article 2092 aux termes duquel quiconque s'est obligé personnellement est tenu de remplir son engagement sur tous ses biens, mobiliers et immobiliers, présents et à venir. Cette objection est-elle fondée ? Nous ne le croyons pas.

On n'a, pour s'en convaincre, qu'à lire l'article 1863 : « Les associés, dit ce texte, sont tenus envers le créancier avec lequel ils ont contracté chacun pour une somme et une part égales, encore que la part de l'un d'eux dans la société fût moindre, si l'acte n'a pas spécialement restreint l'obligation de celui-ci sur le pied de cette dernière part. » Un associé peut donc par une simple manifestation de volonté restreindre sa responsabilité à sa mise.

Nous devons insister sur cet article 1863, car la jurisprudence en a donné une interprétation qui nous semble fausse. Elle décide que la limitation de responsabilité ne sera opposable aux tiers que si elle est spécialement stipulée dans chaque contrat qui sera fait avec eux. C'est une solution extrêmement gênante pour le gérant. La jurisprudence s'en rend bien compte et elle essaie de l'adoucir par des correctifs. Elle admet que le créancier peut renoncer tacitement à se prévaloir de l'article 2092, accepter tacitement la limitation de la responsabilité d'un associé. Sa renonciation pourra s'induire de faits tels que celui d'avoir traité avec une société qui s'intitule société en commandite ou anonyme, qui n'emploie pour sa correspondance que du papier portant ces qualifications (1).

Mais l'article 1863 est faussement interprété par la jurisprudence. L'acte dont il s'agit n'est pas l'acte juridique intervenu entre le gérant et le tiers, c'est l'acte de société. Toute limitation de responsabilité insérée dans les statuts sera valable, à condition d'être formellement stipulée. Voici la paraphrase que nous proposerions de l'article 1863 : Par ce seul fait qu'un des associés a une part moindre dans la

(1) V. Seine, 20 juin 1893, *Droit*, 25 août 1893 ; 24 décembre 1894, *Droit*, 28-29 janvier 1895 ; 2 juin 1896, *Droit*, 18 juillet 1896.

société, il ne sera pas tenu seulement dans la proportion de sa part, même s'il est dit dans l'acte de société qu'il subira en définitive les pertes dans la mesure de sa part. Cela, c'est une question de contribution. Le tiers n'a pas à s'en préoccuper. Les clauses qui l'intéressent sont uniquement celles qui sont relatives à l'obligation aux dettes. Il s'y reporte, il en prend connaissance et si elles lui déplaisent, il ne contracte pas. S'il contracte, c'est qu'il les accepte. Elles lui sont dès lors opposables.

Treilhard disait dans son *Exposé des motifs* au Corps législatif : « C'est aussi dans l'acte de société qu'il faut chercher la mesure des engagements des associés envers les tiers. Un associé ne peut engager la société qu'autant qu'il contracte en son nom, et qu'il a reçu le pouvoir de le faire. Celui qui traite avec l'associé peut demander, s'il a des doutes, la communication de l'acte de société (1). »

L'associé peut donc manifester son intention de n'être tenu que sur sa mise, d'une manière générale dans les statuts sans être forcé de l'indiquer dans chaque contrat qu'il passe avec les tiers.

La formalité gênante dont la jurisprudence exige l'accomplissement disparaît ainsi.

Mais cette difficulté écartée, une autre surgit. On prétend que l'article 1863 ne permet qu'à l'un ou à

____

(1) V. Locré, t. XIV, p. 524.

quelques-uns des associés de limiter leur responsabilité à leur mise. Dans toute obligation, il faut, pa-
raît-il, qu'il y ait un débiteur tenu sur tous ses biens,
conformément à l'article 2092 (1). Que d'autres personnes s'adjoignent à ce débiteur et jouent le rôle de
cautions réelles, c'est licite. Mais il serait nécessaire
que l'un des intéressés au moins fût obligé sur tout
son patrimoine. Cette exigence exclurait la possibilité pour une société civile d'inscrire dans ses statuts
une clause imitée de la société anonyme d'après laquelle tous les membres ne répondraient des engagements sociaux que sur leur part de société.

Nous refusons d'accepter cette conclusion. Nous
croyons que tout débiteur peut stipuler de son créancier qu'il ne pourra être poursuivi que sur tels de ses
biens, en cas d'inexécution de l'obligation.

Pour établir notre assertion, nous devons prouver
que la convention dont il s'agit n'est pas nulle comme
contraire à l'ordre public et que le créancier ne peut
refuser d'en tenir compte en s'appuyant sur l'article 2092 auquel on n'a pu déroger.

Nous croyons que cet article est interprétatif de
volonté, qu'il établit d'une manière générale les
droits du créancier sur les biens de son débiteur,
que ces droits proviennent d'une classe sous-entendue dans tout contrat, en vertu de laquelle le débi-

(1) V. Labbé, note sous cassation, 21 février 1883 ; S. 84.1.361.

teur consent à laisser son créancier se payer par équivalent sur tous ses biens pour le cas où il n'exécuterait pas l'obligation.

En d'autres termes, nous pensons que le droit du créancier ne provient pas d'un fait extérieur à l'obligation, qu'il ne naît pas d'un délit civil que commettrait le débiteur en n'exécutant pas son engagement et qui l'obligerait à réparer le préjudice causé. Pour nous, le créancier tire son droit sur les biens du contrat même d'où il tire son droit contre la personne. Celui-ci promet un fait, engage sa personne, donne prise sur sa volonté (1). Tel est l'objet principal de l'obligation. Mais une clause accessoire s'ajoute pour garantir le créancier et lui donner la quasi-certitude de l'accomplissement de la promesse faite. Le débiteur consent à être privé d'une valeur déterminée qu'il possède. Son engagement accessoire aura d'autant plus de valeur qu'il pourra plus sûrement être réalisé. Le créancier aurait le maximum de garanties, s'il pouvait se payer par privilège sur tous les biens de son débiteur. Si celui-ci réduit le gage à un seul de ses biens et qu'il fasse venir le créancier consentant en concours avec ses autres créanciers sur ce bien, l'engagement accessoire dont nous parlons tendra vers sa valeur minima. Entre ces deux extrêmes, le législateur a choisi ce qui va-

(1) V. Savigny, *Traité des obligations*, t. 1er, p. 30.

lait le mieux pour les créanciers et pour le débiteur. Interprétant leur volonté probable, il a fait porter l'engagement du débiteur sur tous ses biens. Il lui donne ainsi un crédit solide sans le gêner en rien. Si cependant, dans un cas particulier, le législateur s'est trompé, les parties dans l'obligation feront connaître leur volonté. Le créancier demandera des suppléments de garantie, ou le débiteur demandera à être tenu moins sévèrement.

Quoi qu'il en soit, par cet engagement accessoire, le créancier aura un moyen de contraindre son débiteur à exécuter l'engagement principal par la menace qu'il pourra lui faire de lui causer un préjudice en lui enlevant un de ses biens. Il a aussi, pour le cas où sa menace resterait sans effet, un moyen de s'indemniser des conséquences dommageables que la mauvaise foi de son débiteur, sa négligence ou son incapacité lui auront fait encourir.

En procédant aux mesures d'exécution sur les biens, il agit en réalité au nom et en vertu de la volonté de son débiteur. La source de son droit ne se trouve pas dans le refus du débiteur d'accomplir son obligation, refus qui constituerait un délit.

Son droit ne naît pas à ce moment. Il existait auparavant. Il procède de la convention. Mais il n'est que conditionnel, il est subordonné à l'exécution de l'obligation qui fait l'objet du contrat. Si l'on nous permet d'employer une terminologie un peu prétentieuse, nous dirons que toute obligation est « facultative ». Le débiteur peut, à son gré, exécuter le fait promis, ou en payer la valeur sur ses biens (1).

Mais il n'en fut pas toujours ainsi, et l'histoire nous apprend que l'obligation ne créait d'abord qu'un rapport entre les personnes sans produire directement un droit sur les biens. Le droit accessoire du créancier ne naissait que postérieurement à l'obligation contractuelle. Il avait sa source dans le délit que constituait le refus d'exécuter l'engagement et c'était le pouvoir public qui le sanctionnait La transformation qui devait amener à considérer le droit à l'exécution sur les biens comme provenant de la convention elle-même, s'est opérée lentement à travers l'histoire, et nous voudrions l'esquisser à grands traits.

Si l'on se reporte au droit romain, on constate que l'obligation par elle-même ne confère tout d'abord au créancier aucun droit sur les biens de son débiteur, elle ne donne que des droits sur la personne. Au moyen de la *legis actio per manus injectionem*, le créancier pouvait saisir la personne de son débiteur et se la faire adjuger. L'on sait que s'il ne s'était pas libéré à l'expiration d'un certain délai, il pouvait être vendu *trans Tiberim* ou mis à

____

(1) On le considère alors, il est vrai, comme un homme malhonnête. Cela tient en réalité à ce qu'il a promis en première ligne le fait qu'il n'accomplit pas.

mort. Ces moyens d'exécution rigoureux assuraient l'exécution de l'obligation. Mais ces procédés n'étaient possibles que si l'obligation provenait d'un acte contenant une *damnatio* ou pouvant y donner lieu (1).

Pour celles qui résultaient d'autres contrats, on admit d'autres sanctions à la violation de la promesse. On établit des peines contre les débiteurs malhonnêtes. Les actions données ne tendirent pas à assurer directement l'exécution du devoir assumé, elles eurent un caractère pénal (2).

Ainsi donc, l'origine du droit du créancier sur les biens de son débiteur ne se trouve pas dans l'obligation qu'il a contractée, mais dans la violation d'un devoir. Elle n'a pas sa source dans la volonté du débiteur, mais dans une volonté extérieure, celle du pouvoir public, assurant, comme le dit Ihering, « l'administration de la justice ».

---

(1) Cuq, *Institut. juridiq. des Romains*, p. 580. M. Thaller pense, et son opinion est très vraisemblable, qu'à l'époque où l'on pratiquait le *nexum*, le créancier ne pouvait avoir des droits sur les biens de son débiteur qu'en vertu de la volonté de celui-ci, par un acte différent du *nexum*. Le débiteur mancipait son patrimoine à son créancier qui s'engageait par une clause de fiducie à le lui restituer s'il était indemnisé par le travail du *nexus*. Après la loi Petœlia Papiria, le droit du créancier aurait porté directement non plus contre la personne « corporelle » du débiteur mais contre sa personne « pécuniaire ». On pourrait soutenir que ce droit provenait de la volonté du débiteur, de même que le droit contre la personne corporelle provenait de l'obligation elle-même.

V. Thaller, *Traité des faillites en droit comparé*, p. 24 et 28.

Cette idée s'accentue avec le développement du droit romain. La procédure de la *venditio bonorum* nous montre le débiteur exproprié, pour ainsi dire, de son patrimoine au profit de ses créanciers qui en confiaient l'administration et la vente à un *magister bonorum*. Le caractère pénal de la mesure était encore indiqué par cette *capitis deminutio* qui frappait le débiteur, et plus tard par la note d'infamie qui la remplaça.

Ainsi le caractère de la procédure d'exécution correspondait bien à la source de l'obligation. Celle-ci provenait d'un manquement à la foi promise. L'exécution était faite en vertu de l'autorité du magistrat qui dépossédait le débiteur de ses biens.

Il est donc impossible de soutenir qu'à cette époque le créancier se payait sur les biens de son débiteur en vertu de la volonté de ce dernier.

Mais la *venditio bonorum* disparut peu à peu devant la *distractio bonorum* dans laquelle les biens sont distribués aux créanciers au nom du débiteur. La *distractio bonorum* apparaît pour la première fois dans un cas spécial qu'il est curieux et utile de signaler.

Un sénatus-consulte rapporté par Gaius décide que si le débiteur insolvable est une *persona clara* le préteur lui nommera un curateur, comme il en nomme au prodigue ou au fou. Ce curateur fera vendre en détail les biens du débiteur, jusqu'à concurrence de la somme nécessaire pour désintéresser les créanciers (1). Il agira comme *negotiorum gestor* au nom du débiteur et l'on évitera ainsi la publicité de la *venditio bonorum*, les scandales qu'elle entraînaitet le vote d'infamie dont elle frappait l'insolvable. Ce procédé avait en outre cet avantage pour les créanciers qu'on retirait de la vente des biens en détail un plus haut prix que de la vente en bloc.

Le moyen était excellent et on l'appliqua à d'autres cas que ceux pour lesquels il avait été inventé. Il fut longtemps employé concurremment avec l'ancienne *bonorum venditio*, mais finit pas demeurer seul dans le droit de Justinien.

Au procédé brutal d'expropriation qu'était la *venditio bonorum*, on substituait un procédé plus élégant, plus respectueux au moins en apparence de la volonté du débiteur. C'était par une sorte de fiction, je le veux bien, qu'on le considérait comme un prodigue, mais c'était un signe de l'adoucissement du droit. On délaissait les mesures violentes explicables autrefois par la haine et le mépris qu'on avait pour les débiteurs malhonnêtes et par la nécessité que des créanciers peu riches, partant très attachés à leur faible fortune, avaient de se défendre contre eux. Et la phrase suivante de Gaius donne bien la note du changement. Le curateur était nommé, dit-

(1) L. 5, *De curatoribus furioso et aliis extra minores dandis,* livre XVII, titre X.

il : *ut honestius ex bonis ejus, quantum potest, creditoribus solveretur* (1).

Le curateur était donc en somme le représentant du débiteur et c'était au nom de ce dernier qu'il vendait en détail ses biens pour en distribuer la valeur à ses créanciers. Le débiteur restait toujours à la tête de son patrimoine (2).

On peut alors rationnellement se demander si la source du droit des créanciers se trouve toujours dans le délit commis par le débiteur qui n'exécute pas son engagement ou si elle ne se trouve pas plutôt dans la convention conclue par lui, si ce droit n'est par directement consenti par le débiteur.

Ce changement des idées relatif à la source des droits du créancier aurait une corrélation toute naturelle dans la procédure d'exécution. Le droit, consenti par le débiteur, serait réalisé par lui ou par son représentant.

Et cette idée n'est pas trop hardie. On peut la confirmer par d'autres considérations. La longue pratique de l'exécution sur les biens amena les débiteurs à penser qu'ils ne pouvaient s'y soustraire, et quand ils contractaient, créanciers et débiteurs escomp-

____

(1) L. 9, *De curatoribus,* etc.

(2) V. Girard, *Manuel de droit romain,* p. 1011. « Dans la *distractio bonorum* disparaît l'originalité de la procédure qui avait pour effet mécanique de mettre à la tête du patrimoine un nouveau titulaire. »

taient l'éventualité de la poursuite sur le patrimoine.

Il y avait là comme une action de la législation
existante sur les volontés de ceux qui y étaient soumis et une réaction de ces volontés sur le caractère
de cette législation elle-même. Le fait d'un individu
qui contractait avec la connaissance de toutes les
conséquences de son acte devait amener à penser
qu'il les avait voulues.

On arrivait ainsi à perdre lentement de vue que
ces conséquences en tant qu'elles portaient sur les
biens étaient originairement extérieures à l'acte, ne
provenaient pas directement de lui, mais avaient
leur source dans un acte nouveau du débiteur frappé
d'autorité par le législateur. Et l'on s'habituait à
cette idée que si le créancier pouvait s'attaquer aux
biens de son débiteur, c'était en vertu de la volonté
de ce dernier.

Par ce seul fait qu'une personne s'engageait, elle
assumait deux obligations, une obligation principale, déterminée par le contrat, et une autre accessoire, conditionnelle et sous-entendue. Le créancier
qui prétendait la condition réalisée devait en faire
la preuve, prouver l'inaccomplissement de l'obligation principale. L'obligation accessoire contenue en
germe dans le contrat se développait. Le droit à
l'exécution procédait de la volonté du débiteur et la
distractio bonorum suivait cette idée en faisant opé-

rer la distribution du patrimoine au nom du débiteur. En consentant une obligation et par suite en s'obligeant éventuellement à subir des poursuites sur ses biens, le débiteur devenait son propre garant.

C'était la pensée qui devait naturellement arriver à l'esprit.

Cette situation d'un débiteur qui contracte une obligation accessoire pour garantir l'exécution d'une obligation principale n'était pas inconnue aux Romains, puisque chez eux les contrats de gage et d'hypothèque étaient très usités.

On peut donc conclure qu'à Rome on vit dans la volonté du débiteur la source directe du droit des créanciers sur le patrimoine. On devait alors logiquement permettre à tout individu de même qu'il pouvait augmenter les garanties de certains de ses créanciers en leur consentant des droits de préférence sur ses biens, ce qui enlevait à ses autres créanciers une partie de la valeur de leur gage, on devait, dis-je, logiquement lui permettre de limiter leurs poursuites sur certains de ses biens. Et c'est en effet ce que nous constatons avec la caution réelle (1-2).

---

(1) V Loi 5, livre XX, t. 1er : *Dare autem quis hypothecam potest sive pro sua obligatione, sive pro aliena* (Texte de Marcien).

(2) On dit souvent que la caution réelle n'est pas une véritable caution, qu'elle n'est pas tenue personnellement, mais seulement

La caution réelle affecte un de ses biens au paiement de la dette d'autrui. Si le débiteur n'exécute pas son obligation, si le créancier ne peut s'indem-

propter rem. Il faudrait s'entendre sur la portée des mots employés. Peut-on dire que la caution n'est pas obligée personnellement parce qu'elle n'est pas tenue sur tous ses biens, qu'elle n'est obligée que *propter rem*, parce qu'elle est responsable de l'exécution de l'engagement sur un seul de ses biens? Ce sera une pure question de terminologie. Mais on est bien forcé de reconnaître qu'elle est obligée, que c'est sa personne, sujet de droit, qui est atteinte dans les droits qu'elle possède. Elle n'est pas atteinte dans l'universalité de ses droits, soit. Cela prouve seulement que la valeur du droit du créancier est restreinte. Au lieu de pouvoir poursuivre le recouvrement d'une valeur sur tous les biens de son débiteur, il ne pourra le faire que sur un seul de ses biens. La caution réelle est donc un débiteur qui a limité sa responsabilité sur une partie de son patrimoine.

C'est un débiteur d'un certain genre, dira-t-on, auquel on applique des règles spéciales. Nous ne le croyons pas. Il est certain que l'engagement de la caution est, économiquement parlant, un engagement accessoire, que la caution ne pourra être poursuivie qu'au cas d'insolvabilité du débiteur principal. Donc, au point de vue économique, on fera avec raison cette distinction des débiteurs accessoires et des débiteurs principaux. Mais, en droit, nous avons dans la caution un débiteur conditionnel, disons plus un débiteur éventuel. Son obligation ne naîtra qu'au moment où naîtra l'impossibilité pour le créancier de se payer sur les biens du débiteur principal. Il sera alors un débiteur comme les autres. Les principes et la formule de la *fidejussio indemnitatis* font très bien apparaître le rôle économique et la situation juridique de la caution. La caution est interrogée dans ces termes : *Quanto minus a Titio consecutus fuero, tantum dare spondes ?* En répondant le fidéjusseur s'engage à indemniser le créancier. Qu'aura-t-il à payer? peut-être tout, peut-être une fraction, peut-être rien. On ne peut le savoir à ce moment. La solvabilité seule du débiteur principal le dira.

Justinien rétablit maladroitement le bénéfice de discussion qui ne se comprenait qu'avec les *fidepromissores* anéiens, mais dont il n'était plus besoin avec le procédé général de la *fidejussio indemnitatis*.

Par respect pour l'autorité de Justinien, nos législateurs ont parlé niser de son refus en le poursuivant sur son patrimoine, l'obligation de la caution prendra naissance. Mais elle a limité la poursuite de son créancier, elle sera tenue sur les seuls biens qu'elle a affectés au paiement de sa dette. Son engagement peut être ainsi formulé : Je paierai telle somme (fixée d'avance ou à fixer par le juge, ou déterminée par la mesure de l'insolvabilité du débiteur), si tel événement se réalise (l'insolvabilité du débiteur), mais vous ne pourrez en faire le recouvrement que sur tels de mes

eux aussi du bénéfice de discussion, et c'est ce qui a donné lieu à de grandes difficultés dans l'explication de nos textes de droit civil. On a mis la base de la matière du cautionnement dans l'article 2092 qui parle du bénéfice de discussion. On lui a subordonné les articles 2011 et 2021. On a été comme fasciné par cet article, au point de ne pas voir que, se rendant un compte exact du rôle économique de la caution et n'ayant plus à s'embarrasser dans des règles étroites comme celles de la *sponsio* et de la *fidepromissio*, notre Code a fait de la caution un débiteur éventuel, qu'il a nettement défini le cautionnement dans ce sens (art. 2011). On aurait dû voir que si le législateur français parle du bénéfice de discussion, c'est qu'il sacrifie au culte du souvenir, au respect d'institutions anciennes, excellentes pour leur époque et qu'on ne peut se résigner à considérer comme disparues. Le bénéfice de discussion n'apporte en réalité aucun droit nouveau à la caution et cette expression pourrait être rayée de nos Codes sans que la caution en subit le moindre préjudice. Comme tout débiteur éventuel, elle prouverait que le fait qui doit l'obliger ne s'est pas réalisé. Dans notre cas particulier, ce fait est l'insolvabilité du débiteur, et ceci seul est spécial que la solvabilité s'apprécie d'après la valeur et la situation des immeubles du débiteur.

Dans notre droit actuel, la caution est donc bien un débiteur ordinaire dès que le fait qui doit donner naissance à son obligation s'est réalisé, et la caution réelle est un débiteur qui n'est tenu que sur une partie de ses biens.

biens. Qu'importe que son obligation soit accessoire, est-ce qu'un débiteur conditionnel n'est pas un véritable débiteur ?

Nous arrivons donc à cette conclusion qu'à Rome, au moins dans le dernier état du droit, l'exécution sur les biens se faisait en vertu de la volonté du débiteur, et qu'on pouvait restreindre cette exécution en la cantonnant sur une portion du patrimoine.

Vient alors l'invasion des barbares, et avec elle le droit germanique. Une nouvelle évolution recommence.

L'inexécution des engagements dans ce droit primitif est encore considérée comme un délit. Le débiteur insolvable paie de sa personne et devient l'esclave de son créancier (1). Celui-ci peut aussi, s'il le veut, saisir les meubles de son débiteur. Il donne ainsi satisfaction à son besoin de vengeance, et se paie d'autorité.

Mais il ne peut s'attaquer aux immeubles. Cela tient évidemment pour le très ancien droit germanique à ce que la propriété était collective. Le seul immeuble qui fut soustrait à la propriété collective, la maison et l'enclos qui l'entourait, n'appartenait même pas en propre à l'individu, mais à la famille (2).

____

(1) Esmein, *Etude sur les contrats dans le très ancien droit français,* 3ᵉ étude, p. 157.

(2) *Id.*, p. 153. La même situation s'était d'ailleurs produite au début du droit romain.

On comprend que, dans ces circonstances, les créanciers n'aient pas pu s'indemniser sur les immeubles qui étaient entre les mains de leur débiteur, puisqu'ils auraient en réalité dépossédé la tribu ou la famille.

Peu à peu cependant, la propriété devient individuelle, mais l'immeuble n'est pas encore saisissable. Il a une trop grande importance politique et sociale. C'est la propriété foncière qui donne à l'individu sa puissance. Les seuls procédés d'exécution restent toujours un asservissement de fait de la personne et la saisie des meubles, et l'on arrive alors à cette situation curieuse d'un débiteur tenu d'indemniser son créancier, esclave en fait, mais gardant en réalité sa fortune foncière et les droits qu'elle lui confère (1).

L'exécution sur les immeubles ne fut possible qu'avec le consentement du débiteur. Pour augmenter son crédit, on prit l'habitude d'affecter un immeuble au paiement de sa dette. On fit le plus souvent une espèce de convention d'antichrèse, permettant au créancier de percevoir les fruits de l'immeuble sans aucune diminution de la créance. L'on convenait que, si le débiteur ne payait pas à l'expiration d'un certain délai, le créancier deviendrait plein propriétaire de la chose qu'il détenait. Mais on

____

(1) *Id.*, p. 155.

s'arrêta là et l'on ne sous-entendit pas dans tout contrat la clause que tous les biens du débiteur seraient affectés en gage au paiement de la créance (1).

D'ailleurs nous arrivons à l'époque de la formation du droit féodal, à cette époque où la terre prit une importance si considérable, et sous l'influence du système des tenures, encore une fois va réapparaître l'insaisissabilité absolue de l'immeuble.

La terre n'était pas la propriété exclusive du tenancier, elle appartenait aussi au seigneur, et le censitaire, l'homme de fief ne pouvaient se substituer un autre homme sans le consentement de celui duquel ils tenaient. Les créanciers en saisissant l'immeuble auraient atteint les droits du seigneur.

On ne permettait alors que « l'engagement » des revenus de la terre par convention, sous la forme d'un « vif-gage » ou d'un « mort-gage ». Et chose

____

(1) V. cependant : Meibom, *Deutsches Pfandrecht*, p. 97 ; Sohm, *Frænkische Reichs-und Gerichtsverfassung*, p. 117 et suiv. ; Brünner, *Entstehung der Schwurgerichte*, p. 58.

Ces auteurs pensent que sous les premiers Carolingiens, on permit aux créanciers de saisir les immeubles de leur débiteur. M. Esmein combat cette opinion et pense que ce droit n'a été accordé qu'au cas de défaut du débiteur. Le défaillant était anciennement mis hors la loi, et ses biens confisqués. Les capitulaires admirent les créanciers à se faire payer sur les biens. M. Esmein n'accorde pas le même droit aux créanciers du débiteur qui est présent et il donne cette explication qu'il constate dans les textes que les créanciers du débiteur présent pouvaient procéder à l'exécution contre la personne (*op. citat.*, p. 156 et suiv.). — A l'appui de l'opinion de M. Esmein, on pourrait rappeler qu'à Rome, la *venditio bonorum* fut accordée tout d'abord aux créanciers du débiteur, « fugitif ou latitant ». Cf. Maynz, *Dr. rom.*, t. 2, p. 567.

curieuse et qui montre bien qu'en cette matière, la marche de l'évolution est toujours la même, cette affectation qui ne se faisait d'abord que conventionnellement, fut faite dans la suite par autorité de justice.

Le même processus s'observe en ce qui concerne la propriété même des fonds. Dès qu'on permit l'aliénation volontaire des tenures féodales, on rendit possibles les voies d'exécution sur les immeubles. L'honnêteté commandait au débiteur, qui ne pouvait désintéresser ses créanciers au moyen de ses meubles, de vendre ses immeubles pour indemniser ceux qui lui avaient fait confiance. Au moment où le contrat était passé, le créancier devait songer à se garantir pleinement en stipulant de son débiteur le droit de faire vendre un de ses biens fonds. C'est, en effet, ce qui arriva.

Par une clause ajoutée au contrat et qu'on appelait l' « obligation », le débiteur donnait à son créancier le droit de saisir et faire vendre tout ou partie de ses immeubles. Cette pratique se généralisa à tel point, elle était si conforme à l'équité, qu'on arriva à la sous-entendre et que tous les débiteurs furent supposés y consentir. La clause accessoire s'incorpora si bien dans tout contrat qu'elle s'y fondit et que l'obligation (sens ordinaire) produisit pleinement ces deux effets de permettre de s'adresser à la bonne foi du débiteur pour obtenir de lui l'exécution de la promesse faite, et de s'en prendre à sa fortune pour s'indemniser s'il n'exécutait pas.

Le législateur, en écrivant la fameuse maxime : « qui s'oblige, oblige le sien » ne faisait que reproduire une règle coutumière à laquelle se soumettaient tous les débiteurs. Il n'était en somme que leur porte-parole.

On vécut pendant tout l'ancien droit sur cette maxime. Et si le débiteur augmente son crédit en consentant à son créancier des sûretés spéciales, il ne cherche guère à le restreindre en stipulant que certains de ses biens échapperont à la poursuite de ses créanciers.

Nous voyons cependant que des Compagnies se forment qui ont le caractère de nos sociétés anonymes (1) dans lesquelles, notamment, les associés ne sont tenus des pertes que sur le capital social. C'est là une application du droit qu'a le débiteur de restreindre le gage de ses créanciers. Mais, nous dira-t-on, cette clause intervenait en matière commerciale où les principes d'ordre public fléchissent devant des considérations pressantes d'utilité pratique. Mais, tout en indiquant ce qu'a de puéril cette conception de l'ordre public qui interdit une clause dans une société civile et l'autorise dans une autre, nous répondrons qu'en matière civile, on stipulait ces limi-

______

(1) V. Lescœur, *Législation des sociétés commerciales en France et à l'étranger*, p. II et suiv.

tations du gage des créanciers. Nous en avons un exemple dans l'assignat limitatif de responsabilité. Le débiteur en s'engageant, désignait à son créancier les biens sur lesquels il pouvait poursuivre l'exécution de l'engagement. Un testateur voulait-il gratifier quelqu'un d'une certaine somme, tout en évitant à son héritier les poursuites du légataire sur tout le patrimoine héréditaire, il constituait son legs avec assignat limitatif de responsabilité. Il affectait au paiement du legs un des immeubles de la succession. Le légataire ne pouvait, en cas d'inexécution de la libéralité, poursuivre l'héritier que sur les biens qu'on lui avait donnés en garantie du paiement.

Notre ancien droit connaissait donc cette notion de la toute puissance de la convention sur les droits du créancier, et nous devons nous demander maintenant si le législateur de 1804 a entendu rompre avec la tradition.

Si nous recherchons sous l'influence de quelles idées les rédacteurs du Code civil ont écrit l'article 2092, nous ne trouvons guère que cette réponse : qu'ils ont voulu reproduire l'ancienne maxime : « qui s'oblige, oblige le sien », sans seulement penser à caractériser sa nature. Et cette opinion paraît bien

____

(1) V. Merlin, *Répertoire de jurisprudence*, v^is *Assignat* ; *Assiette de rente* ; *Acte sous seing privé*, § 2, 149, 5e édition ; *Legs*, sec. IV, § 3, p. 712 et suiv., où Merlin examine la question de savoir quel sera le critérium pour distinguer un assignat limitatif d'un assignat démonstratif et où il cite Bartole, Dumoulin, Loyseau, D'Aguesseau.

vraisemblable quand on remarque le laconisme des travaux préparatoires, le laconisme de Pothier et des autres auteurs qui servirent de modèle aux rédacteurs du Code, le laconisme des auteurs contemporains qui affirment seulement que la règle est ou n'est pas d'ordre public. La maxime devrait alors être interprétée suivant son sens traditionnel tel que nous l'avons établi.

Mais on peut supposer que les rédacteurs de l'article 2092 ont longuement réfléchi sur la portée, bien qu'il n'y paraisse guère dans les travaux préparatoires, et nous devons trouver des traces de leur pensée, pour ainsi dire, sinon dans l'article lui-même, du moins dans le reste de leur œuvre.

Et tout d'abord demandons-nous quels motifs ont pu les pousser à reproduire la règle : qui s'oblige oblige le sien.

Ils n'ont eu qu'une préoccupation : assurer le crédit en assurant l'équité. Ils ne pouvaient admettre que si le débiteur n'accordait à son créancier aucun droit sur ces biens, celui-ci restât désarmé devant la mauvaise volonté du débiteur à exécuter l'obligation. L'équité protestait. D'ailleurs si l'obligation n'avait fourni par elle-même aucun moyen de contrainte sur la volonté du débiteur, on aurait vu se renouveler ces contrats accessoires que nous avons rencontrés dans le droit franc et dans le droit féodal. Le seul parti qu'il y eût à prendre était donc d'aceorder au créancier un droit de gage sur les biens de son débiteur. On ne faisait ainsi qu'interpréter la volonté des contractants. C'était elle qui était la souveraine. Mais la règle posée ne pouvait être impérative. Elle avait pour but d'assurer le crédit. Elle ne pouvait le ruiner. Et elle arrivait à le ruiner si elle ne permettait pas aux créanciers et aux débiteurs de débattre librement les garanties accessoires dont ils veulent fortifier l'obligation. Concevrait-on un seul instant une disposition de nos Codes qui interdirait au débiteur de conférer à son créancier un droit de gage ou d'hypothèque? Pourquoi le même Code interdirait-il au débiteur d'obtenir de son créancier des conditions de faveur par la réduction du nombre de biens affectés au paiement de sa dette? Ce serait une anomalie sans raison et l'on ne comprendrait plus cette affirmation tant de fois répétée que la loi est favorable aux débiteurs (1).

Et que l'on ne s'y trompe pas, on ne sacrifie pas par cette décision les droits des créanciers. Ils sont les meilleurs juges de la situation. Ils connaissent la

____

(1) V. note de M. Labbé sous Cassation, 21 février 1883, S. 84.1. 361. « Notre législation exige du créancier un avertissement après l'échéance du terme convenu pour que le débiteur soit en demeure. Elle ralentit la poursuite par des formes et des délais. Elle tient pour non avenues les conventions dérogatoires à ces formes protectrices auxquelles le débiteur imprudent aurait renoncé (art.2088, C. civ., 732, C. pr. civ.). Comment une telle législation n'approuverait-elle pas la restriction librement conclue du droit de saisie à certains biens? »

mesure des concessions qu'ils peuvent faire. Telle sûreté peu importante suffira pour garantir une dette minime, sans qu'il soit nécessaire pour le créancier de prendre un droit de gage sur un patrimoine entier. En accordant à son débiteur la satisfaction qu'il réclame, le créancier obtiendra un contrat souvent plus avantageux. Il courra des risques, soit. Mais les contrats aléatoires sont-ils donc interdits chez nous ?

Non. Les parties sont souveraines maîtresses dans le choix des garanties dont elles veulent fortifier l'obligation. L'obligation ne confère qu'un droit contre la personne du débiteur.

Pour s'indemniser de l'inexécution possible, le créancier stipule des sûretés accessoires. Et ces garanties suivront deux progressions différentes : la première comprenant le nombre des biens engagés, l'autre comprenant les diverses gradations d'intensité de l'engagement. La convention accessoire pourra porter sur un seul des biens du débiteur ou englober tout le patrimoine, privilégier un créancier ou le faire venir en concours avec les autres. La loi a fait une moyenne ; elle s'est arrêtée au milieu de cette gamme des sûretés. Elle a choisi le mode d'engagement qui, tout en tenant le meilleur compte des droits de tous les créanciers, gênait le moins le débiteur.

En agissant ainsi le législateur interprétait la

volonté probable de tous. On pensait aller au devant des désirs des intéressés. Bigot-Preameneu s'exprime ainsi (1) : « La conséquence du principe posé par l'article 2092 est que le crédit de celui qui contracte un engagement se compose non seulement de ses immeubles, mais encore..... Les Romains auraient cru porter atteinte au droit de propriété du débiteur s'ils l'avaient privé de l'avantage *d'offrir* dans toute son étendue la garantie qui est en son pouvoir. »

C'est donc au nom du débiteur qu'on offre à son créancier tout son patrimoine en gage. Mais assurément les parties sont libres de convenir que le régime légal sera modifié. Quand aura-t-on l'occasion d'appliquer plus utilement le principe de la liberté des conventions, si l'on ne s'en sert quand il favorise le progrès qui suit toujours et forcément la voie de l'équité ?

Nous arrivons donc à cette conclusion qu'un débiteur peut obtenir de ses créanciers qu'ils ne le poursuivront que sur une partie de ses biens. La clause de la société anonyme relative à la responsabilité des associés est donc licite en matière civile et peut être adoptée par toute société, tant civile que commerciale.

(1) Locré, t. XVI, p. 108.

CHAPITRE II

Nous avons vu qu'une société civile peut librement insérer dans ses statuts toutes les clauses dérogatoires au droit commun que contiennent les formes commerciales.

Si elle en reste là, si elle ne prend pas un nom comme une société commerciale, si elle ne s'intitule pas société en nom collectif ou en commandite ou anonyme, elle sera une société civile comme une autre, soumise à toutes les règles du droit civil dans lequel elle a puisé ses statuts.

Mais si elle fait plus, si elle prend le nom de la forme commerciale à laquelle elle a emprunté les clauses de ses statuts, ne se place-t-elle pas sous la loi du commerce. On pourra soutenir qu'elle devient commerciale ou tout au moins qu'elle est régie pour sa constitution par les règles établies pour les sociétés commerciales. La forme de la société qui provient de la volonté des associés aura-t-elle donc cet effet quasi-magique de la soumettre à une loi nouvelle? Le vêtement commercial obligera-t-il l'association qui s'en est couverte à vivre selon le régime commercial? C'est ce que nous devons maintenant examiner.

Dans une première section nous examinerons l'état de la question avant la loi du 1er août 1893 qui est venue apporter d'importantes réformes dans la matière.

Nous rechercherons alors dans un premier paragraphe si la société civile à forme commerciale devient véritablement commerciale.

Dans un second paragraphe nous nous demanderons si ces sociétés doivent observer les règles établies par le législateur pour la constitution des sociétés commerciales et bénéficient des avantages que procure l'observation de ces règles.

Nous étudierons ensuite, dans notre deuxième section, les réformes opérées par la loi du 1er août 1893.

SECTION I. — **Des sociétés civiles à forme commerciale avant 1893.**

§ 1. — La société civile à forme commerciale est-elle véritablement commerciale au fond comme en la forme.

On décidait universellement au moment où fut votée la loi du 1er août 1893 que l'adoption de la forme commerciale ne produit aucun effet sur la nature de la société, et nous l'avons constaté déjà à la fin de notre chapitre préliminaire. La loi du 1ᵉʳ août 1893 a décidé le contraire tout au moins pour les sociétés par actions. Elle indiquait par là que les autres formes commerciales ne confèrent pas à la société qui s'en couvre le bénéfice de la commercialité.

Nous allons indiquer le plus brièvement possible les raisons pour lesquelles on refuse aux sociétés civiles à forme commerciale le caratère commercial. Mais auparavant, il est nécessaire de mentionner l'intérêt de la question.

Nous ne ferons qu'une nomenclature et nous nous en excusons par avance.

Si l'on décide que ces sociétés sont commerciales, elles jouiront de bénéfices et d'obligations considérables, notamment :

1° Elles deviennent justiciables des tribunaux de commerce au point de vue des contestations entre les associés et les tiers.

2° Elles sont soumises à l'obligation de tenir une comptabilité.

3° Elles peuvent être mises en faillite.

4° Elles sont certainement assujetties à des formalités particulières pour leur constitution et leur publicité (art. 42, C. com., loi du 24 juillet 1867), tandis que, si on les déclare civiles quant au fond, les doutes les plus graves sont permis, comme nous essaierons de le montrer plus loin.

5° En cas de dissolution d'une société commerciale, l'action des créanciers contre les associés dans certaines hypothèses et sous certaines conditions se prescrit par 5 ans (art. 64, C. com.). L'action des créanciers d'une société civile n'est éteinte qu'au bout de 30 ans, conformément au droit commun. Nous ferons ici la même observation qu'au numéro précédent. Si les sociétés civiles à forme commerciale restent civiles, on peut soutenir que les associés restent tenus pendant 30 ans.

6° Les sociétés commerciales sont reconnues par la très grande majorité de la doctrine et par une jurisprudence constante comme des personnes morales. La personnalité des sociétés civiles est au contraire très discutée (1).

Si donc l'on décidait qu'une société civile à forme commerciale est commerciale, tout le cortège de ces règles suivrait l'adoption d'une forme déterminée.

Le législateur n'a pas indiqué à quel critérium on reconnaîtrait une société civile d'une société commerciale, mais c'était inutile puisque l'article 1er du Code de commerce contient la définition du commerçant : « sont commerçants ceux qui exercent des actes de commerce et en font leur profession habituelle ». Cette définition s'applique aux sociétés. Elles seront commerciales si elles ont pour objet de

______

(1) V. Dreyfus, *Sociétés civiles à forme commerciale*, p. 106.

faire le commerce, c'est-à-dire de pratiquer professionnellement le commerce.

On a cependant contesté que le caractère d'une société doit être déterminé par son objet et Troplong a soutenu (1) que la volonté des parties pouvait rendre commerciale la société qu'elles formaient. Mais son opinion a été vigoureusement combattue. On lui a reproché de permettre à la volonté des parties de déroger à des règles d'ordre public, de changer l'ordre des juridictions, de soumettre aux règles de la faillite les sociétés civiles (2).

On a voulu alors faire produire à la forme de la société cet effet dont Troplong cherchait la cause dans la volonté des parties (3).

Troplong lui-même a combattu cette théorie, quoique l'adoption d'une forme commerciale puisse être considérée comme une manifestation de la volonté des parties d'adopter le statut du commerce (4). Un individu qui, « vendant les produits de son fonds, ouvrirait boutique, tiendrait une comptabilité et s'obstinerait à payer patente ne serait pourtant pas réputé commerçant ». Une société civile qui déclarerait être société de commerce, se vêtirait à la

(1) Troplong, *Soc.*, t. I, no 320.
(2) Bédarride, *Soc.*, t. I, n° 92.
(3) V. notamment Delangle, *Des Soc. par actions*, 1837 ; *Législation commerciale,* t. I, p. 353.
(4) Troplong, *op. citat.*, n° 327, p. 309.

mode commerciale, resterait malgré sa volonté une société civile.

Nous n'appliquerons donc pas aux sociétés civiles à formes commerciales les règles auxquelles on soumet tous les commerçants. Elles ne seront pas astreintes à tenir des livres de commerce, ne seront pas justiciables des tribunaux de commerce et n'encourront pas la faillite (1).

§ 2. — Une société civile à forme commerciale est-elle soumise aux règles établies pour la constitution des sociétés de commerce ?

Les sociétés civiles ne sont astreintes pour leur constitution à aucune formalité. Il est vrai que l'article 1834 exige « qu'elles soient rédigées par écrit lorsque leur objet est d'une valeur de plus de cent cinquante francs ». Mais cette disposition est la reproduction de l'article 1341. L'article 1834 fait à la société l'application des principes du droit commun. La société existe alors même qu'elle n'est pas constatée par un écrit. Mais si son objet, c'est-à-dire la réunion des apports des associés, dépasse 150 francs, un écrit sera nécessaire. L'acte n'est

____

(1) V. Lyon-Caen et Renault, t. 1, n° 278 ; Bédarride, *Soc.*, t. 1, n° 92 et suiv. ; Paul Pont, *Soc. civiles et com.*, n° 120 ; Vavasseur, *Traité des Soc. civiles et com.*, t. I, n° 13. — Paris, 29 août 1868, S. 1868. 2. 329, note de M. Labbé ; Cassation, 28 janvier 1884, S. 1886. 1. 465, note de M. Lyon-Caen.

donc pas requis *ad solemnitatem*, mais seulement *ad probationem*.

Le régime des sociétés de commerce est plus compliqué. Elles doivent d'abord comme les sociétés civiles être constatées par un écrit, et cette exigence existe pour elles alors même que leur objet serait inférieur à 150 francs. Cela ne signifie pas que la société commerciale est un acte solennel, mais qu'elle ne peut pas être prouvée par témoins ou par présomption de fait, quelque minime que soit l'intérêt en cause. Il y a à cette prescription de la loi un double motif : toute société commerciale doit être publiée. Or pour publier les statuts, il faut d'abord les écrire. En outre, la loi a voulu faciliter la preuve des nombreuses clauses des statuts alors même que le capital social serait infime (1).

Mais pour les sociétés commerciales, d'autres formalités sont prescrites. Elles sont appelés dans la pensée du législateur à passer de nombreux contrats, puisqu'elles vont faire le commerce.

Il fallait porter à la connaissance du public la société nouvellement formée. Il eût été aussi extrêmement gênant pour les associés administrateurs d'avoir constamment à produire les statuts de leur société, afin d'en donner connaissance aux tiers. Il fallait même permettre à ces tiers de les consulter

____

(1) V. Thaller, *Traité élément. de dr. com.*, p. 172, n° 263.

avant d'avoir engagé des pourparlers avec les gérants pour ne pas les obliger à dévoiler inutilement leur désir ou leur besoin de traiter un certain genre d'affaires. Il était souhaitable aussi de renseigner les créanciers personnels des associés qu'une partie du patrimoine de leurs débiteurs sortait de leur gage et était remplacée par d'autres droits, intérêts ou actions.

Pour faire connaître l'existence de la société nouvelle, et rendre la connaissance des statuts plus facile, on organise les formes commerciales qui font apparaître ces statuts dans leurs grandes lignes, et on complète le système en imposant aux associés la nécessité de les publier.

A ce point de vue, la différence entre les sociétés civiles et les sociétés commerciales est complète. Pour les premières, le législateur n'exige l'observation d'aucune formalité, alors qu'il oblige les autres à choisir un type déterminé des statuts et à publier les clauses qu'ils contiennent.

La raison de cette différence se trouve, selon nous, dans cette conception du législateur critiquable à coup sûr, d'après laquelle les sociétés civiles n'ont pas une importance suffisante pour qu'on se préoccupe d'organiser pour elles tout un système de publicité.

On soutient cependant universellement que les formalités de publicité sont imposées aux sociétés à raison même des avantages qu'elles tirent de leur forme, qu'elles sont établies pour la protection des tiers qui doivent avoir la possibilité de connaître les clauses dérogatoires au droit commun qu'elles contiennent.

Cette opinion possède une part de vérité, mais elle ne la possède pas toute. Il est certain que la publicité des statuts est exigée à raison des nombreuses clauses dérogatoires au droit commun qui y sont insérées. Mais il faut ajouter pour être vrai : cette publicité, à tort ou à raison, n'est exigée par le législateur que s'il s'agit de sociétés commerciales.

En effet, nous avons vu que toutes les clauses dérogatoires au droit commun qui caractérisent les formes commerciales peuvent être adoptées par une société civile. Osera-t-on soutenir que si cette société se borne à les inscrire dans ses statuts, sans prendre le nom de la forme à laquelle elle les a empruntées, osera-t-on soutenir qu'elle doit observer le système de publicité de Code de commerce. On ne voit pas bien sur quelle raison cette décision pourrait être fondée. Cette société n'a fait en somme qu'user du pur droit civil. Si les associés sont tenus solidairement des dettes sociales, ou s'ils ne sont tenus que sur leur part de société, ce n'est pas parce qu'il existe dans le Code de commerce un type de société où les associés sont tenus solidairement, et un autre où ils ne sont tenus que sur leur mise. Le droit commercial n'a pas affaire ici. Si l'adoption de cette clause est licite, c'est que les associés civils n'ont fait qu'user du principe de la liberté des conventions et qu'ils n'ont violé aucun principe d'ordre public.

Et en allant plus loin, en supposant qu'une société civile se dise société en nom collectif, ou en commandite, ou anonyme, décidera-t-on qu'elle doit publier ses statuts? Ce serait, pour nous, une conclusion inacceptable.

De ce qu'une société volontairement indique aux tiers les clauses dominantes de ses statuts, qu'elle les renseigne avant même que ces tiers s'informent, peut-on déclarer qu'elle s'est engagée à observer tout le système de publicité établi par la loi pour les sociétés commerciales? Sans doute, elle ne pourra se fonder sur cette publicité qu'elle n'a pas à faire pour opposer ses statuts aux tiers, et c'est là une autre question sur laquelle nous reviendrons plus tard. Mais on ne peut la blâmer de son zèle et lui en faisant un grief s'en emparer pour la soumettre à des obligations qu'elle n'a pas consenties. Cette dénomination qu'elle prend mettra les tiers en éveil. Ils ne peuvent que s'en féliciter. Ils demanderont la communication des statuts.

En résumé les sociétés de commerce doivent publier leurs statuts, et pour opérer cette publicité, le législateur emploie deux moyens : il impose le choix d'une des formes qu'il détermine, il exige la publication des statuts. Il prend ce soin parce qu'il veut simplifier la marche des sociétés de commerce. Elles sont appelées à faire des opérations nombreuses. Il faut donner aux tiers la possibilité de savoir dans quelles conditions ils vont traiter avant même qu'ils engagent des pourparlers. On pourra par ce moyen établir à leur charge une présomption de connaissance des statuts. C'est surtout pour atteindre ce double but que le législateur établit tout son système de publicité. Mais, à tort ou à raison, à tort selon nous, il ne l'a pas étendu aux sociétés civiles qu'il considérait alors comme peu importantes. Or les systèmes de publicité légale avec les déchéances et les droits qu'ils entraînent sont d'application restrictive et ne peuvent être étendus aux cas que le législateur n'a pas visés.

Les sociétés civiles à formes commerciales n'ont donc pas à publier leurs statuts.

Une question reste à examiner. Nous devons nous demander si la loi de 1867 sur les sociétés par actions est applicable aux sociétés civiles qui se montent en société anonyme ou en société en commandite par actions.

Ici la doctrine opposée à la nôtre paraît triomphante. On proclame que les prescriptions relatives à la constitution des sociétés par actions ont été édictées, non pas à cause de la nature commerciale des opérations de ces sociétés, mais à raison des abus et des fraudes auxquels donnait lieu leur fondation. Des spéculateurs annonçaient la formation d'une société à un capital très élevé pour inspirer confiance et sans attendre que la société fût réellement formée, que les associés se fussent fait connaître, eussent versé leur apport, on commençait les opérations de la société. Les fondateurs s'étaient attribué des actions d'apport en nombre considérable, se rémunérant ainsi d'une façon exagérée des services qu'ils avaient rendus. Ils mettaient leurs actions au porteur et les vendaient quand la situation de la société était encore prospère. La supercherie était bientôt découverte, dès qu'il fallait exécuter les premiers engagements sociaux. La société tombait en faillite, mais les fondateurs ne pouvaient être recherchés.

La loi de 1867 remédie à ces abus, et entre autres mesures, elle prend des moyens préventifs. Elle exige la souscription intégrale du capital social, le versement par chaque actionnaire du montant du quart des actions qu'il a souscrites, la déclaration devant notaires de l'accomplissement de ces formalités, l'approbation par l'assemblée générale des actionnaires des apports en nature et des avantages particuliers, etc.

On conclut que toutes ces dispositions qui ont été édictées uniquement à raison des abus auxquels donnait lieu la constitution des sociétés par actions doivent s'appliquer à toutes les sociétés par actions, qu'elles soient civiles ou commerciales. On fortifie encore cette opinion en faisant remarquer ce qui se passait pour les sociétés civiles anonymes avant la loi de 1867. L'autorisation préalable du gouvernement avait été établie pour les sociétés commerciales seulement, et cependant une jurisprudence constante l'étendait aux sociétés anonymes civiles (1).

Nous refusons cependant de souscrire à cette manière de voir. Il est certain que le motif que nous invoquions pour écarter des sociétés civiles à forme commerciale, la nécessité légale de publier leurs statuts, n'a plus ici la même force. Nous ne pouvons plus soutenir qu'en 1867 le législateur attachait aux sociétés civiles une aussi faible importance qu'en 1807. Et pourtant, ce seul fait qu'on ne songea pas au début des travaux préparatoires à faire une loi applicable aux sociétés civiles comme aux sociétés commerciales, est assez significatif.

Il fallut l'intervention de huit députés pour qu'un article additionnel fût proposé tendant à appliquer les dispositions de la loi aux sociétés civiles « charbonnières ou autres constituées sous la forme par actions » (2).

(1) V. Cassation, 13 mars 1857, D. 57.1.201. — Cass., 1er février 1858, D.58.2.228 ; Cass., 9 novembre 1858, S. 59.1.15 ; Cass., 27 mars 1866, S. 66.1.211.

(2) V. Mathieu et Bourguignat, *Comment. de la loi de 1867*, p. 221 et 222.

Cet amendement fut d'ailleurs repoussé par la Commission, puis par le Corps législatif, après une discussion publique (1).

Devant ces faits si probants, on ne peut donc qu'écarter des sociétés civiles par actions l'application de la loi de 1867 (2).

Nous voudrions encore présenter un argument d'autre sorte et qui atteint toutes les sociétés civiles. On les autorise à prendre une forme commerciale, mais on exige qu'elles observent toutes les prescriptions légales qu'on rattache à cette forme et notamment la publication des statuts. On doit alors admettre qu'elles bénéficieront des avantages que confère cette publication aux sociétés commerciales. Les tiers seront censés connaître ces statuts en vertu d'une présomption légale. Et si l'on admet cela, le problème que nous avons examiné jusqu'ici se com-

---

(1) Le gouvernement s'était engagé à mettre à l'étude et à apporter un projet spécial pour les sociétés civiles par actions. Nous avons attendu jusqu'à la loi du 1ᵉʳ août 1893 pour obtenir la réalisation de cette promesse.

(2) V. notamment : Cass., 21 février 1883, S. 84.1.361 et suiv., note de M. Labbé. — Note de M. Thaller sous jugement du Tribunal civil de la Seine du 9 avril 1886, *Annales de Dr. com.*,1886-87.2.70, et *Traité élémentaire de Dr. com.*, p. 356, nº 610. — Rouen, 16 juin 1890, *Revue des Sociétés*, 1891.2.33. — Aix, 1887, confirmant jugement du Tribunal de Grasse, 11 janvier 1887, *Annales de Dr. com.*,1887.2.10. — Cassation, 28 novembre 1873, S. 75.1.281. Note de M. Lyon-Caen. critiquant l'arrêt de la Cour. — *Contrà* : Lyon-Caen, t. 1, nº 534. — Boistel, *Précis de Dr. com.*, nº 166. — Houpin, *Soc. par act.*, nº 11, et *Journal des Sociétés*, 1891, p. 512 et suiv. — Toulouse, 23 mars 1887, *Annales de Dr. com.*, 1886-87.1.80.

plique. Il ne suffit plus de savoir si une forme déterminée ne contient rien de contraire à l'ordre public, on doit se demander, puisque l'on exige la publication des statuts de toute société à forme commerciale, on doit se demander, en outre, si la seule volonté des parties peut créer une présomption à la charge des tiers. La solution de la question n'est pas douteuse. Les règles légales qui établissent des présomptions sont d'interprétation étroite. La loi ne parle de la publication des statuts avec ses effets légaux que pour les sociétés commerciales. On ne peut donc l'appliquer aux sociétés civiles.

La publication des statuts, l'observation de la loi de 1867 ne pourraient être exigées par les tiers que si les associés, par une clause spéciale de l'acte de société, s'étaient soumis à ces formalités. Il y aurait alors un engagement pris par les associés vis-à-vis du public. « L'observation du système réglementaire, dit M. Thaller à propos de la loi de 1867, s'imposera au respect des parties non pas légalement, mais par la force contractuelle d'une promesse valable. Toutes les formalités que prescrit la loi devront être observées. Le capital devra être entièrement souscrit, le quart versé, etc... Si ces formalités ont été violées, les intéressés, souscripteurs et créanciers, pourront demander la résolution du contrat pour inexécution, selon l'article 1181.

On arrivera aux mêmes résultats qu'avec l'action

en nullité que la loi prévoit, sauf toutefois en ce qui concerne les sanctions pénales qui ne peuvent être étendues par la seule volonté des parties aux cas pour lesquels elles n'ont pas été édictées (1). »

Nous avons refusé d'adopter le système qui oblige les sociétés à forme commerciale à publier leurs statuts comme le prescrit la loi pour les sociétés de commerce. Nous ne pouvons alors les faire profiter de la présomption qui résulte directement pour ces dernières de l'observation des formalités légales, présomption en vertu de laquelle les tiers sont censés connaître les clauses dérogatoires au droit commun que contiennent les statuts, ce qui les leur rend opposables.

Devrons-nous donc décider que dans les sociétés civiles ces clauses resteront lettres-mortes, de simples contre-lettres, qu'elles ne vaudront qu'entre les associés et qu'à l'égard des tiers elles seront *res inter alios acta*? M. Thaller a proposé une théorie originale et qui nous semble contenir la vérité. Il déclare avec raison qu'une société civile à forme commerciale, bien qu'elle ne soit pas forcée d'accomplir les formalités de publicité imposées par la loi commerciale, ne négligera jamais de les accomplir. C'est un fait certain. Les tiers qui contracteront avec elle, apprenant qu'elle est montée suivant une forme dé-

____

(1) V. Thaller, *Annales de Droit comm.*, 1886-1887.2.76, note sous Trib. de la Seine.

terminée, n'auront pas à rechercher la nature des actes qu'elle fait pour savoir si elle est légalement tenue de publier ses statuts. Ils connaissent ce fait que les sociétés à forme commerciale, qu'elles soient au fond commerciales ou civiles, observent les formalités de la loi. Ils devront, s'ils sont prudents, consulter l'extrait des annonces ou le double de l'acte au greffe (dans la mesure tout au moins où ils peuvent consulter ce double) (1). S'ils ne se renseignent pas, ils commettent une faute. Ils ne sont pas fondés à se plaindre de ce qu'on leur oppose des clauses de statuts qu'ils devaient s'attendre à rencontrer puisqu'elles leur étaient révélées par la forme de la société contractante et par la publicité dont cette société avait entouré sa naissance (2).

Nous ne pouvons cependant nous associer à cette doctrine d'une manière absolue. Les tiers ne sont pas forcés de connaître la publicité qu'a fait une société civile à forme commerciale.

Cette société n'était pas tenue de l'accomplir. La présomption qui existerait à leur charge ne pourrait certes plus être une présomption légale, mais une présomption de fait. Or l'on ne peut pas induire de la seule publication des statuts d'une société que les

(1) On décide généralement que les tiers n'ont pas le droit d'exiger du greffier la production des statuts. Ils l'interrogeront et celui-ci leur répondra.

(2) V. Thaller, *Annales de Droit commercial*, 1886-1887.2.76, note sous Trib. de la Seine.

tiers qui traitent avec elle ont connu ces statuts. Il faut toute la force de la loi pour créer contre eux une présomption dans ce cas. Mais cette présomption naîtra de l'addition d'autres faits, tels que la dénomination permanente, que prendra la société, qui s'intitulera : *Société en nom collectif, ou en commandite ou anonyme,* qui mettra ces mentions sur tous ses papiers d'affaires. La jurisprudence s'est engagée dans cette voie et recherche si les circonstances autorisent à penser que les tiers ont eu connaissance des statuts (1).

(1) Cf. Trib. civ. de la Seine, 20 juin 1893. — *Droit,* 25 août 1893, « Attendu dit le jugement que, traitant avec les administrateurs d'une société civile, il n'est point vraisemblable que les tiers ne se soient point fait remettre l'acte de société. »

Seine, 24 décembre 1894, *Droit,* 28-29 janvier 1895.

« Attendu que les titres sur lesquels s'appuie Quinaud pour établir son droit de créance contiennent les mentions suivantes : Société anonyme, capital de 30 millions de francs. Émission de 60000 obligations de 500 fr. 6 0/0 en vertu d'une décision du conseil d'administration en date du 20 décembre 1887 etc. Attendu que ces mentions indiquent très nettement à Quinaud que la société avec laquelle il contractait était placée sous le régime de l'anonymat et que la responsabilité des actionnaires se trouvait limitée au montant du chiffre de l'action, conformément à l'article 16 des statuts, etc. » — Cf. aussi jugement du Tribunal civil de la Seine, 2 juin 1896 ; *Droit,* 18 juillet 1896, duquel il semble bien résulter que la jurisprudence n'accorde à la publication des statuts qu'une valeur de fait. « Attendu qu'il importe de la porter (la dérogation à l'article 1863) à la connaissance des tiers avec lesquels il intervient une convention, et que la publicité légale de l'acte de société civile comme aussi la communication du pacte social réalisent complètement la pensée du législateur qui a voulu, en édictant l'article 1863, donner une action aux créanciers pour le cas seulement où ils n'auraient pas connu la restriction de la responsabilité des associés à la mise sociale de chacun

Mais on peut aller plus loin et se demander si indépendamment de ces faits qui concourent à former une présomption contre les tiers, ceux-ci ne se verront pas opposer toutes les clauses des statuts par cela seul qu'ils ont contracté. Nous répondrons par l'affirmative et nous justifierons notre décision en nous appuyant sur les principes du mandat.

Quand une personne traite avec un mandataire, celui-ci fera le plus souvent de lui-même la preuve de ses pouvoirs. Mais s'il ne dit rien on doit lui demander qu'il les produise. Si l'on passe outre, sans exiger la procuration, qu'arrivera-t-il? Evidemment, si le mandat n'existe pas, le prétendu mandant ne pourra être obligé. Sa volonté de contracter n'existe pas, il ne l'a pas communiquée au pseudo-mandataire. Il ne s'est pas livré. Si maintenant il a donné pouvoir de l'engager, mais en limitant ce pouvoir, sera-t-il tenu au delà de sa volonté? Rationnellement, on ne voit pas pourquoi, si la limitation qu'il a stipulée est possible en droit.

Le futur créancier doit toujours prendre connaissance de la procuration pour s'assurer des pouvoirs du mandataire et il doit constater leur étendue. Il serait absurde, qu'ayant chargé une personne de faire réparer ma maison, un tiers osât soutenir que j'ai donné mandat général d'administrer mes biens.

d'eux. » — V. encore, 23 juin 1896 ; 9 avril 1886, *Annales de droit commercial*, 1886-87, avec l'article de M. Thaller déjà cité.

Il serait tout aussi absurde, qu'ayant chargé une personne de traiter pour moi dans telles conditions, je fusse obligé par ses actes au delà de la mesure que je lui avais assignée.

Le mandataire n'est donc tenu que dans les limites du mandat donné. Il a donné prise sur sa volonté et la preuve de son consentement se trouve dans la procuration. C'est là que le créancier doit aller le chercher avant de traiter avec le mandataire dépositaire vivant de la volonté du futur débiteur (1).

Faisons l'application de ces principes à la société. Le gérant est le mandataire des associés. Les tiers qui contracteront avec lui devront s'assurer de ses pouvoirs et constater leur étendue (2). Ils le feront en exigeant la communication des statuts. S'ils traitent sans prendre ces précautions préalables, ils commettront une faute grave dont ils supporteront les conséquences en se voyant opposer toutes les clauses dérogatoires au droit commun que contiennent les statuts. Nous avions donc raison de dire

---

(1) V. Hauriou, De la personnalité comme élément de la réalité sociale. *Revue générale de droit, de législation et de jurisprudence,* janvier-février 1898.

(2) Nous rappelons ce que disait Treilhard au Corps législatif : « C'est aussi dans l'acte de société qu'il faut chercher la mesure des engagements des associés envers les tiers. Un associé ne peut engager la société qu'autant qu'il contracte en son nom et qu'il a reçu le pouvoir de le faire. Celui qui traite avec l'associé peut demander s'il a des doutes la communication de l'acte de société.» Locré, t. XIV, p. 534.

plus haut que c'était par l'idée de faute qu'on rendait opposables aux tiers les articles du pacte social quand ces tiers avaient négligé d'en prendre connaissance.

Résumons-nous en quelques mots : les sociétés civiles à forme commerciale ne sont pas astreintes à l'observation des règles de publicité qu'édicte le Code de commerce, aux règles spéciales qu'édicte la loi de 1867 pour les sociétés par actions. Mais, elles ne jouissent pas du bénéfice légal que confère cette publicité en mettant à la charge des tiers une présomption de connaissance des statuts. Néanmoins ces statuts sont opposables aux tiers par application des principes du mandat.

Elles jouissent donc des avantages que confère le Code de commerce au contrat de société, parmi lesquels le droit exclusif des créanciers sociaux sur le patrimoine social, la limitation de la responsabilité à la mise. Il eût fallu faire l'assimilation complète et appliquer en principe à toutes les sociétés les règles du droit commercial. C'est ce qu'a fait en partie la loi du 1er août 1893 à laquelle nous arrivons maintenant.

SECTION II. — Effets que produit l'adoption d'une forme commerciale depuis la loi du 1er août 1893.

Nous avons assisté jusqu'ici aux tentatives faites par les particuliers pour remédier à l'insuffisance des dispositions de notre Code sur les sociétés civiles. Malgré leur objet civil, elles avaient les mêmes besoins que les sociétés commerciales et elles ne pouvaient se contenter de la réglementation si pauvre qu'on leur offrait. Elles songeaient tout naturellement à bénéficier du régime dont jouissaient leurs rivales et elles espéraient l'obtenir en adoptant une forme commerciale. Nous avons vu que si par cet emprunt elles ne devenaient pas commerciales et n'étaient pas soumises aux règles de fond qui régissent les commerçants, que si elles n'étaient pas astreintes à l'observation des règles de publicité et de constitution particulières aux sociétés commerciales, les sociétés civiles pouvaient puiser dans le droit commun les avantages qu'elles recherchaient. Notamment, elles offraient à leurs créanciers un droit de préférence sur les biens sociaux et leurs associés pouvaient stipuler dans les statuts une responsabilité limitée à leur mise. Mais ces conclusions auxquelles nous sommes arrivé n'étaient pas admises sans discussion. Les plus vives controverses continuaient. La jurisprudence admettait des solutions qui ne satisfaisaient personne. Si elle affirmait la personnalité de la société civile à forme commerciale, établissant ainsi le droit de préférence des créanciers sociaux sur le patrimoine de la société, elle rejetait l'idée qu'un associé peut d'une manière générale déclarer dans les statuts qu'il entend n'être tenu que sur sa part sociale. Elle refusait aussi d'appliquer la loi de 1867 aux sociétés civiles par actions. Par ces deux décisions, elle écartait des sociétés civiles l'actionnaire qui entendait limiter son risque et qui, voulant se lancer dans une affaire sérieuse, désirait être garanti par l'observation des formalités protectrices de la loi de 1867. Enfin, elle déclarait avec raison, que ces sociétés restaient civiles malgré leur forme commerciale, ce qui leur rendait inapplicables les règles de fond auxquelles étaient soumises les sociétés de commerce : le régime de la faillite, la juridiction consulaire, l'obligation de tenir des livres de commerce, etc.

Tel était l'état général de la situation des sociétés civiles à forme commerciale au moment où fut discutée la loi du 1er août 1893. La réforme ne fut d'ailleurs pas provoquée par le désir de soumettre ces sociétés aux règles de fond que subissent les commerçants.

On n'avait pas été très frappé par ces inconvénients qu'entraînait la nature des sociétés civiles à forme commerciale, et la loi fut motivée uniquement par le désir de permettre à ces sociétés l'adoption d'une de ces formes commerciales avec les clauses relatives à l'administration et à la responsabilité des associés qu'elles contenaient, mais avec l'obligation pour elles de se soumettre à toutes les règles de constitution édictées pour les sociétés de commerce par le Code et la loi de 1867.

Une proposition de loi fut faite dans ce sens à la Chambre par M. Thellier de Poncheville, le 21 janvier 1890 et renouvelée le 10 décembre 1891 (1). Le texte de sa proposition était ainsi conçu : « Les sociétés civiles peuvent se constituer sous la forme de sociétés en commandite par actions ou de sociétés anonymes avec les conséquences que ces formes entraînent, sans perdre leur caractère civil. Elles doivent, en ce cas, se conformer aux prescriptions de la loi du 24 juillet 1867 sous les mêmes sanctions civiles ou pénales. » L'honorable député ne visait que les sociétés anonymes et les sociétés en commandite par actions. Il laissait de côté la commandite par intérêts et la société en nom collectif. Pour la société en nom collectif l'omission se comprend jusqu'à un certain point. Les clauses relatives à l'administration de la société et à la responsabilité des associés qui la caractérisent pouvaient être, de l'avis de tous, insérées dans les statuts d'une société civile. Il eût été cependant nécessaire de savoir si les sociétés qui adopteraient cette forme seraient soumises aux rè-

(1) La dernière proposition de loi de M. Thellier de Poncheville comprenait celle qu'il avait faite le 21 janvier 1890, relative au régime des sociétés civiles à forme commerciale, et une autre proposition de M. Graux, relative au taux minimum des actions et destinée à faciliter la participation aux bénéfices.

V. *J. off.* du 22 janvier 1890, *Déb. parlement.*, p. 62 ; exposé des motifs, *J. off.*, *doc. parlement.*, d'avril 1890, p. 125 ; *J.off.* du 11 décembre 1891, *Déb. parlement.*, p. 2568 ; exposé des motifs ; *J. off.*, *doc. parlement.* de février 1892, p. 2923.

gles de publicité commerciale et jouiraient de la présomption légale attachée à cette publicité, en vertu de laquelle les tiers sont censés connaître les clauses des statuts.

A défaut d'un texte précis, nous retombons dans les incertitudes que nous avons signalées plus haut et les principes du mandat doivent décider de la question. Si l'on déclare que ces principes ne conduisent pas directement à créer une présomption de connaissance de la procuration à la charge, ou au profit des tiers qui contractent avec le mandataire, ces tiers ne pourront se prévaloir de la solidarité qui existe entre les associés en nom collectif, à moins que l'acte qu'ils ont passé avec le gérant ne fasse mention de cette solidarité ou que le tiers ne puisse prouver qu'on lui a communiqué les statuts.

Pour la commandite par intérêts, l'omission présentait les mêmes inconvénients. Pouvait-elle amener à refuser aux sociétés civiles le droit de se constituer en commandite, d'insérer dans leurs statuts les clauses spéciales que contient cette forme commerciale ? Nous ne le croyons pas. Il y avait pour elles un argument *a fortiori* tiré de ce qu'on autorisait la forme anonyme. Si l'on permettait à une société civile de se constituer avec la responsabilité limitée de tous ses membres, il en résultait à plus forte raison que la société en commandite pouvait exister en matière civile, puisque, chez elles, certains des associés sont tenus sur tous leurs biens, et que dans la société en commandite on ne heurte pas un prétendu principe de notre droit d'après lequel dans toute obligation doit figurer un débiteur tenu sur tous ses biens (1). D'ailleurs, le texte a été remanié. Il s'applique, selon nous, à toutes les sociétés en commandite, sans qu'on ait à distinguer si elles sont constituées par actions ou par intérêts. Nous aurons l'occasion de revenir plus loin sur ce point qui est controversé.

La proposition de M. Thellier de Poncheville attire une seconde observation d'importance capitale. L'honorable député laissait aux sociétés d'objet civil et de forme commerciale leur caractère civil.

On connaît toutes les conséquences qui pouvaient résulter de cette décision. La juridiction consulaire, le régime de la faillite, l'obligation de tenir des livres de commerce étaient par là même écartés. Au point de vue des principes contenus dans nos Codes, puisque l'on admet que le caractère d'une société se détermine d'après son objet, la décision de l'auteur de la proposition n'était pas critiquable. Mais les dispositions du Code de commerce ne sont pas des dogmes. Le Code établit un régime spécial pour les commerçants. Rien n'empêche de l'appliquer en matière civile, si cette application doit produire des

(1) V. la note de M. Labbé sous Cassation, 21 février 1883, S. 84.1. 361.

résultats utiles. Les principes du droit ne sont pas immuables, et telle règle qu'on pose comme principe à une époque de l'évolution historique, qui a pu suffire aux besoins du temps et rendre de réels services, doit être abandonnée quand l'état économique a changé et réclame une réglementation nouvelle. On peut dire du développement de l'état économique et des principes juridiques par lesquels les hommes notent leurs relations avec les faits, ce que l'on a dit des relations du dogme et de la foi : « ils ressemblent à ces platanes qui perdent chaque hiver leur écorce vieillie et qui, sous la poussée de la jeune sève, se recouvrent chaque printemps d'une enveloppe nouvelle. »

Le législateur doit rejeter les principes vieillis (1) et donner satisfaction aux besoins qu'il constate. On s'en est souvenu en 1893 et le rapporteur de la loi, M. Clausel de Coussergues, déclara devant la Chambre qu'il fallait soumettre les sociétés civiles à forme commerciale aux règles du Code de commerce, relatives à la faillite, à la tenue des livres de commerce et à la juridiction consulaire. On aurait pu faire la réforme dans ces termes, laisser à nos sociétés leur caractère civil, en leur appliquant par voie d'autorité tout ou partie du régime commercial. On conservait ainsi un semblant d'harmonie dans

(1) V. *Annales de Droit commercial*, 1897. Article de M. Saleilles sur l'histoire des sociétés en commandite, *in fine*.

notre législation. La loi nouvelle n'aurait apporté d'exceptions que dans la mesure nécessaire. Elle serait restée d'accord avec l'article 1er et les articles 632 et suivants du Code de commerce sur les conditions à réunir pour être commerçant. On n'employa pas ce moyen. On prit une mesure radicale en déclarant que les sociétés anonymes et en commandite seraient commerciales. On faisait ainsi beaucoup plus qu'une réforme partielle dictée par des besoins d'actualité. On introduisait dans le monde commercial comme la première pierre d'un édifice nouveau. On rendait commerçante une société dont l'objet, à ne s'en tenir qu'à l'addition des actes qu'elle faisait, était civil, mais qui, par les capitaux dont elle entendait user dans son entreprise, révélait l'importance et la fréquence des contrats qu'elle allait passer. On déclarait commerçante une société qui opérait comme une société commerciale. C'était une conception nouvelle du commerçant qui se faisait jour et qu'on peut rapprocher de celle du Code suisse et du nouveau Code de commerce allemand (1).

---

(1) Dans le Code suisse, toute personne peut devenir commerçante, à condition de se faire immatriculer sur les registres du commerce. Cette immatriculation ne peut lui être refusée.

Dans le nouveau Code de commerce allemand, qui entrera en vigueur en 1900, toute personne n'a pas le droit de se dire commerçante. Elle doit remplir certaines conditions. Il faut faire professionnellement des actes de commerce ou si l'on a une exploitation civile, avoir une annexe commerciale. Une demande doit être faite. La question est alors tranchée contentieusement. Mais si le juge

La manière de voir du rapporteur de la loi prévalut à la Chambre où le texte qu'il proposait fut adopté sans débat (1). Mais ce texte fut l'objet d'une vive discussion au Sénat où M. Bardoux le combattit énergiquement. M. Bardoux soutint qu'elle violait le principe de la liberté des conventions et qu'il était anti-juridique de substituer à l'objet commercial attributif de compétence et de juridiction une chose de forme purement extérieure (2). Mais on peut répondre à ces deux objections.

On ne viole pas le principe de la liberté des conventions en déclarant que les sociétés d'objet civil, constituées en commandite ou sous la forme anonyme seront commerciales et soumises de ce chef au régime des sociétés commerciales. On violait tout autant ce principe en 1804, si nous admettons, comme la jurisprudence, que les associés usant de la liberté des conventions ne pouvaient d'après le Code substituer à la responsabilité indéfinie qui les frap

s'est trompé, le pseudo-commerçant ne pourra se prévaloir de son caractère civil. Il sera tenu à la mode du commerce. On veut ainsi protéger les tiers qui se sont appuyés sur l'inscription portée au registre du commerce pour traiter avec celui qui se présente comme un commerçant.

(1) Voici le texte que proposait M. Clausel de Coussergues : « Quel que soit leur objet, les sociétés commerciales ou anonymes constituées dans la forme du Code de commerce ou de la loi sur les sociétés par actions sont commerciales et soumises aux lois et usages du commerce. »

(2) V. Sirey, *Lois annotées*, p. 576, 1ᵣᵉ colonne *in fine*.

pait la responsabilité limitée à leur mise. Il faut bien qu'une société soit soumise à un système de preuves, qu'elle relève d'une juridiction et que, si elle devient insolvable, elle soit expropriée de ses biens. Sur tous ces points, la loi substitue au régime civil le régime commercial quand la société civile a emprunté la forme d'une société de commerce. Qu'y a-t-il là d'étrange et en quoi la liberté des conventions est-elle atteinte ? Des associés auraient le droit de se plaindre et on comprendrait leurs réclamations si la loi avait un effet rétroactif, si on la déclarait applicable aux sociétés créées avant sa promulgation. Mais cette rétroactivité ne fut pas édictée.

Il n'est pas non plus anti-juridique, comme le prétend M. Bardoux, de soumettre la société dont l'objet est civil et la forme commerciale à la juridiction des tribunaux consulaires. Les tribunaux sont compétents pour connaître des questions litigieuses que fait naître une lettre de change. On établit pour elle une présomption de commercialité. Et cependant la lettre de change peut être souscrite à l'occasion d'une dette civile. On la déclare commerciale en supposant qu'elle aura toujours à sa base, pour cause un acte de commerce (1).

On applique la même présomption à la société à forme commerciale. Par cela seul qu'elle se présente

(1) Thaller, *Annales de droit commercial*, 1894, p. 139; *Traité élémentaire de droit commercial*, p. 11.

sous cette forme, elle est réputée commerciale et de ce chef soumise à la juridiction consulaire.

Les objections de M. Bardoux ne furent pas prises en considération par la majorité du Sénat et le texte suivant fut voté : « Quel que soit leur objet, les sociétés en commandite ou anonymes qui seront constituées dans les formes du Code de commerce ou de la présente loi seront commerciales et soumises aux lois et usages du commerce. »

On a donc fait la réforme avec toute l'amplitude dont elle était susceptible.

Toutes les sociétés en commandite ou anonymes sont commerciales.

Il semble bien qu'on ne doive plus distinguer entre celles qui, aux termes des articles 632 et suivants, font des actes de commerce et celles qui font des actes civils.

On a cependant soutenu le contraire. M. Lyon-Caen a soutenu, dans divers articles, que les sociétés civiles à forme commerciale n'étaient justiciables des tribunaux consulaires qu'à raison des contestations qui pouvaient s'élever entre les associés. Quant aux contestations qui naissent à propos des actes faits par la société, elles relèveraient des tribunaux civils. Voici d'ailleurs comment s'exprime M. Lyon-Caen : « Il faut éviter une erreur que des auteurs ont récemment commise. Ce sont les sociétés par actions ayant un objet civil qui ont été déclarées commerciales ; mais le législateur ne s'est pas préoccupé du caractère des actes de ces sociétés considérés en eux-mêmes. Ces actes conservent donc le caractère civil. Il n'y avait vraiment aucune raison ni théorique, ni pratique pour imprimer le caractère commercial, lorsqu'ils sont faits par des sociétés, à des actes ayant le caractère civil quand ils le sont par des individus. Le système contraire serait absolument irrationnel et conduirait à des conséquences qu'on peut, sans exagération, qualifier d'absurdes. Il en résulterait que de semblables actes pourraient être prouvés par tous les moyens (art. 109, C. de com.) et que les contestations qui en naissent relèveraient du tribunal de commerce. Cela s'appliquerait aux achats et ventes d'immeubles faits par une société immobilière par actions. De semblables actes ne peuvent au contraire être prouvés que conformément aux règles du droit civil et les procès qui y sont relatifs sont de la compétence civile (1). »

Ainsi M. Lyon-Caen pense qu'il est des actes qui répugnent à la commercialité et il refuse à ce titre de les soumettre à la compétence des Tribunaux consulaires. Et cependant n'est-il pas admissible que le législateur peut leur imprimer un caractère commercial ? Est-ce que le système de l'article 1er, des

______

(1) V. appendice au *Traité de droit commercial*. V. aussi : *Revue du commerce et de l'industrie*, 1894, p. 148 ; *Revue de la législation des mines*, 1898.

articles 631, 632 et suivants était si excellent que le législateur n'a pu vouloir le changer. Nous pensons tout différemment.

Le législateur de 1807 n'a pas eu une idée bien nette et bien homogène de l'acte de commerce. Il a considéré que certaines opérations faites isolément révélaient suffisamment un but de lucre pour qu'il leur conférât le caractère commercial. Tel est l'achat de marchandises pour les revendre. D'autres opérations ont ce caractère à un moindre degré et pour qu'elles l'acquièrent complètement, il est nécessaire que l'intention de lucre soit manifestée par la personne même qui agit. Cette intention résultera pour le législateur de ce fait que ces actes seront accomplis d'une manière répétée, à l'état d'entreprise. C'est ce qui se produit pour l'entreprise de manufacture, de commission, de transport, pour la gérance d'affaires. Enfin, une troisième catégorie d'actes pourront être commerciaux. Ce seront tous ceux qui, de leur nature, sont civils, mais qui sont faits par un commerçant pour les nécessités de son commerce. Ces actes, déterminés par les besoins de l'affaire, concourent directement à la marche de l'entreprise et c'est pour cette raison que la loi les déclare commerciaux. Le but qui préside à leur accomplissement les colore de commercialité. Comment expliquer le système de la loi ? Il nous semble qu'il est dominé exclusivement par des considérations pratiques.

On pose en principe que l'achat pour revendre est l'acte commercial par excellence. Cet achat pour revendre devrait être commercial aussi bien quand il s'applique à des immeubles que lorsqu'il s'applique à des meubles. Logiquement on ne voit pas pourquoi il n'en serait pas ainsi. Les immeubles sont, quoi qu'on en dise, susceptibles d'entrer dans la circulation des richesses. Il n'est pas nécessaire qu'une chose se meuve pour qu'elle puisse être l'objet d'un trafic. Des denrées placées dans des entrepôts pourront être achetées et vendues de nombreuses fois avant de quitter le magasin. Et cependant l'on admet généralement que l'achat d'immeubles pour revendre n'est pas un acte commercial. Il y a de bonnes raisons pour en décider ainsi, raisons surtout d'utilité pratique. On ne voulait pas attribuer aux tribunaux consulaires compétence pour connaître des questions de propriété d'immeubles, de transcription et d'hypothèque. Il y avait aussi des raisons d'ordre public : les immeubles forment la partie stable de la fortune privée ; il était dangereux de faciliter leur transmission et l'on se souvenait, au moment de la rédaction des Codes, des spéculations auxquelles avait donné lieu la vente des biens nationaux.

Toutes les questions relatives aux immeubles auraient donc été soustraites au régime du droit commercial et l'achat d'immeubles pour les revendre, malgré son caractère commercial aurait été comme

les autres soumis à la réglementation du droit civil,
à la juridiction des tribunaux civils. Si ces considé-
tions sont de nature très sérieuse, il est impossible
aussi de ne pas remarquer qu'on applique à des actes
de caractère civil par eux-mêmes les règles du Code
de commerce, et cela pour des raisons extérieures à
l'acte, parce que ces opérations sont accessoires à
des opérations commerciales ou que répétées professionnellement elles indiquent chez leur auteur l'intention d'enrichissement qui est à la base de l'acte
commercial. La spéculation, le but que l'on se propose dans son entreprise couvrent toute l'affaire
d'une teinte de commercialité et la soumet aux règles
du droit commercial.

Si tel est le système général de la loi, pourquoi
refuser aux actes faits par une société civile à forme
commerciale le caractère commercial? Son but est
assurément de faire réaliser à ses membres de forts
bénéfices. Par les apports de ses membres, les divi-
dendes qu'elle leur sert, les contrats qu'elle conclut,
elle met en circulation des sommes d'argent immen-
ses et agit aussi commercialement qu'un banquier.
La société attire les capitaux, accomplit à leur aide
des opérations et les rend productifs.

D'ailleurs puisqu'on invoque des considérations
pratiques pour refuser le caractère commercial aux
actes faits par nos sociétés, on doit leur opposer des
arguments en sens inverses tirés eux aussi de rai-

sons pratiques, tirés de l'intérêt des tiers. La société à forme commerciale quand elle traite avec les tiers se présente à eux comme un commerçant ordinaire. Ceux-ci n'ont pas à rechercher si les actes faits par la sociétés sont civils de leur nature.Sa forme commerciale crée une présomption de commercialité à sa charge. Les tiers espéraient que le régime commercial serait appliqué à cette société. Ils ne doivent pas être trompés dans leur espérance. La loi de 1893 tient compte de ce fait. Elle adopte le système qu'avait déjà consacré le Code suisse et dont le nouveau Code de commerce allemand a fait l'application. Celui qui se présente aux tiers comme un commerçant est réputé commerçant (1).

Et ces idées que nous avançons ne sont pas de simples conjectures. Elles répondent bien à la pensée qu'avait le législateur de 1893. La loi a été votée sur le rapport de M. Clausel de Coussergues qui disait : « nous ne voyons rien d'anormal, ni de contraire aux principes du droit à dire que, pour déterminer le caractère civil ou commercial de la série des actes réalisés par une société, il ne faut pas se restreindre à la nature intrinsèque des opérations, mais qu'il faut s'attacher aussi à l'esprit de spéculation qui préside à l'entreprise, aux procédés employés, aux appels au crédit, à la multiplicité des actions, ventes

____

(1) Notre affirmative est trop absolue et demande à être atténuée. V. dans ce même chapitre la note 1, page 168.

et engagements qui sont la raison d'être de ces sociétés. Il ne faut pas que les tiers qui ont traité avec
une société sur la foi de son apparence commerciale,
soient exposés à ne se trouver en réalité en présence
que d'une société civile. Il faut prévenir les surprises, et couper court à des débats d'une appréciation
souvent incertaine. Et puis, comme nous l'avons dit
plus haut, il faut choisir : si on ne veut pas soumettre
aux conditions de loi commerciale les sociétés dites
civiles, il nous paraît impossible de leur en accorder
les bénéfices. Il ne resterait alors qu'à refuser à ceux
qui veulent s'associer pour faire des spéculations sur
des affaires d'un caractère civil, la faculté d'opérer
sous la forme de la commandite ou de l'anonymat, et
à les maintenir sous le régime des sociétés purement
civiles, c'est-à-dire de la responsabilité civile indéfinie. »

Les débats qui eurent lieu au Sénat prouvent plus
clairement encore que les actes faits par nos sociétés sont des actes commerciaux.

Pour faire refuser à ces sociétés le caractère commercial qu'on voulait leur attribuer, M. Bardoux
présentait les inconvénients que ce caractère entraînerait à raison de la compétence des tribunaux consulaires. Il déniait aux juges de commerce les connaissances suffisantes pour trancher les questions
que soulèvent les sociétés civiles. M. Thévenet, dans
la réponse qu'il fit au nom de la commission, suivit

M. Bardoux sur ce terrain. Il fit observer que les grandes sociétés avaient leur siège dans les villes importantes et que les juges commerciaux dont elles relèveraient présenteraient une compétence suffisante pour trancher les questions qu'elles peuvent susciter.

Peut-être eût-il été désirable que l'on fît une exception à propos des sociétés qui spéculent sur les immeubles. Et l'on peut soutenir, comme l'a fait avec une grande force M. Thaller, que le tribunal civil a pour les questions immobilières une compétence exclusive, et que toutes les opérations que provoquent les immeubles ne sont tranchées que par lui (1). M. Thaller dit que ce qui résiste dans ce cas « à la commercialité, ce n'est pas la nature de l'acte, mais la qualité de la chose sur laquelle il porte ». L'objection, présentée ainsi, nous semble un peu énigmatique.

Un objet n'a de valeur juridique que par les principes et les opérations juridiques qu'il met en mouvement. Le droit ne le connaîtra qu'à raison de ces opérations. Mais la connaissance de leur mécanisme est difficile et nécessite des juges spéciaux, ce n'est pas contestable. Les immeubles amènent des questions de transcription, d'hypothèque, qu'un juge commercial ne sera guère apte à trancher. Ce sont

(1) V. l'article de M. Thaller, *Annales de droit commercial*, 1894, p. 179 et suiv.

là en somme des questions de propriété et la propriété, on l'a dit souvent, se confond avec son objet.
Ainsi expliquée, la phrase de M. Thaller est parfaitement vraie. Qu'un achat pour revendre se produise à propos d'un immeuble, l'acte en lui-même
n'a rien que de très commercial. Mais il s'applique
à un bien dont la situation juridique est peut-être
très compliquée et c'est à raison de cette situation
juridique difficile à établir, que M. Thaller veut
attribuer compétence aux tribunaux civils pour
toutes les questions qu'amène la spéculation sur immeubles. Cette théorie est troublante, car elle cadre
bien avec l'idée que nous nous faisons du tribunal
civil, pouvoir supérieur de contrôle dans toutes les
questions familiales, et souverain juge dans les questions qui touchent à la base du patrimoine, à la fortune immobilière. Mais ne sont-ce pas là des conceptions qu'on considère comme un peu vieillies
peut-être à tort et dont le siècle tend à se débarrasser.

La loi de 1893 ne peut-elle être considérée comme
une manifestation de ces tendances? Les immeubles
sont dotés d'un régime juridique encombrant, qui
les empêche d'entrer facilement dans le torrent du
commerce, et cependant ce sont des valeurs comme
les autres.

Le législateur les y admet, sous la pression des
désirs qu'il constate. A lui ensuite de simplifier le

régime pesant et suranné dont il les avait gratifiés.

Nous croyons donc, malgré l'objection considérable de M. Thaller, que tous les actes que fait une société à forme commerciale sont commerciaux (1). Nous le pensons, en nous fondant sur le texte de la loi, qui ne distingue pas, sur les travaux préparatoires, qui l'expliquent, et aussi sur cette espèce de tendance qui, par un retour singulier aux institutions anciennes, attribue à la forme une importance de plus en plus croissante, une importance qu'elle ne connaissait plus.

Toutes les sociétés à forme commerciale visées par la loi sont donc complètement commerciales.

Elles accomplissent des actes commerciaux et le régime entier du commerce leur est applicable. Elles seront dans l'obligation de tenir une comptabilité, relèveront des tribunaux consulaires et seront passibles de la faillite.

Il nous reste à indiquer quelles sont les formes qui commercialisent une société. Deux sont hors de doute : la forme anonyme et celle de la commandite par actions.

Un point est encore incontestable. La loi nouvelle ne s'applique pas à la société en nom collectif. Les travaux préparatoires ne la mentionnent pas, et le texte de la loi ne peut s'appliquer à elle. Il n'en est

____

(1) V. la note de M. Lacour sous Paris, 10 juillet 1894. D. 1895.2. p. 105.

pas de même de la société en commandite par intérêts. L'article 68 nouveau est, en effet, ainsi conçu.
« Quel que soit leur objet, les sociétés en commandite ou anonymes qui seront constituées dans les formes du Code de commerce ou de la présente loi seront commerciales. » La disposition de cet article s'applique-t-elle aux sociétés en commandite par actions seulement ou s'étend-elle aux commandites par intérêts. MM. Lyon-Caen et Renault (1) soutiennent qu'il ne vise que les sociétés par actions. Ils se fondent sur les travaux préparatoires et disent qu'on voulait surtout soumettre les sociétés civiles à forme commerciale aux prescriptions de la loi de 1867. Ils ajoutent que les inconvénients qu'on veut éviter existent surtout dans la commandite par actions, puisqu'étant plus importante, elle aura plus de relations avec les tiers. Mais ces raisons ne sont pas convaincantes. Si on a voulu principalement soumettre les sociétés *par actions* à l'observation de la loi de 1867, il n'en est pas moins vrai qu'on entendait aussi autoriser la limitation de responsabilité des associés à leur mise, et l'on sait qu'avant 1893, la jurisprudence n'admettait cette limitation de responsabilité que si les conditions exigées par l'article 1863 étaient remplies. En pratique cette exigence était difficile à satisfaire puisqu'aux termes de l'ar

(1) Appendice à leur *Traité de droit commercial*, n° 51.

ticle 1863, tel que l'interprète la jurisprudence, le créancier doit consentir à la restriction de responsabilité dans le contrat lui-même. On était forcé d'admettre tout un ensemble de présomptions pour établir une renonciation tacite du créancier, renonciation qui était souvent très problématique. Il était donc tout naturel de penser à trancher la difficulté, d'une façon générale, pour toutes les formes de sociétés où se trouvait cette limitation de responsabilité. C'est bien ce qui semble résulter du passage du rapport de M. Clausel de Coussergues, que nous avons cité plus haut : « il ne resterait qu'à refuser à ceux qui veulent s'associer pour faire des spéculations sur des affaires d'un caractère civil, la faculté d'opérer sous la forme de la *commandite* ou de l'anonymat, et à les maintenir obligatoirement sous le régime des sociétés purement civiles, c'est-à-dire de la *responsabilité personnelle indéfinie*. » D'ailleurs le texte de la loi ne distingue pas. Puisqu'il en est ainsi, et que les travaux préparatoires ne commandent pas l'interprétation restrictive, pourquoi voudrait-on restreindre la portée de la loi.

Nous croyons donc que le nouvel article 61 doit s'appliquer aux sociétés anonymes et en commandite par intérêts et par actions.

Il est malheureusement encore toute une catégorie de sociétés pour laquelle les incertitudes anciennes subsistent. Nous ne savons pas plus qu'autrefois si la société en nom collectif civile doit publier ses statuts. Les tiers pourront-ils poursuivre les associés solidairement sur tous leurs biens, à raison des dettes sociales ? Il faut pour cela qu'ils soient censés avoir connu leur offre. On peut soutenir, et nous l'avons fait, que par cela seul qu'ils ont traité, les tiers sont réputés avoir connu la procuration du gérant et les statuts qui contenaient la promesse des associés de s'engager solidairement. Mais les associés ne pourraient-ils prouver qu'en réalité les tiers n'ont pas pris connaissance des statuts, qu'ils ont ignoré que la société fût en nom collectif et qu'ils ont traité dans les termes du droit commun (1) ?

Dans la théorie que nous avons admise à propos du mandat, le tiers doit prendre connaissance de la procuration et le mandant n'a pas à la lui produire spontanément. Si le tiers n'exige pas cette production, il est en faute et ne peut prétendre opposer aux mandants des clauses qu'il a ignorées. Dans la théorie adverse la conséquence est aussi certaine.

Ainsi donc, pour résumer en une dernière phrase la situation actuelle faite aux sociétés créées depuis la loi du 1ᵉʳ août 1893 : toutes les sociétés anonymes ou en commandite formées depuis 1893 sont commerciales. Les sociétés en nom collectif à objet civil restent civiles. Elles ne sont pas tenues d'avoir

____

(1) On pourrait faire intervenir ici la théorie de l'engagement unilatéral.

une comptabilité, relèvent des tribunaux civils et ne sont pas soumises au régime de la faillite. Mais d'après la jurisprudence, elles doivent publier leurs statuts et sont personnes morales.

Nous en aurons terminé avec cette loi quand nous aurons fait connaître qu'elle n'a pas d'effet rétroactif, mais que les sociétés civiles constituées antérieurement à sa promulgation peuvent bénéficier de ses dispositions. Cela résulte du texte de son article 7, dernier alinéa : « Les sociétés actuellement constituées sous d'autres formes, pourront se transformer en sociétés en commandite ou anonymes par décision d'une assemblée générale spécialement convoquée et réunissant les conditions tant de l'acte social que de l'article 31 ci-dessus. » La mauvaise rédaction de cet article a produit quelque incertitude sur le sens qu'il fallait lui donner. Le texte porte : « les sociétés civiles actuellement constituées sous d'autres formes pourront se transformer en sociétés en commandite ou anonymes. » La société en nom collectif seule semblerait donc jouir du bénéfice accordé par l'article 7. Si la loi avait eu un effet rétroactif, avait rendu commerciales toutes les sociétés anonymes ou en commandite, la disposition aurait pu se comprendre. C'est, en effet, ce que décidait le projet de loi voté par la Chambre des députés. Le Sénat refusa d'admettre la rétroactivité de la loi nouvelle. Par suite, il aurait dû modifier le texte de l'article 7.

On négligea de le faire. Mais il est évident que si les sociétés en nom collectif peuvent se transformer en sociétés anonymes ou en commandite pour bénéficier de la loi nouvelle, celles qui sont déjà constituées sous ces formes peuvent *a fortiori* réclamer la faveur accordée par cette loi.

Sous quelles conditions cette transformation peut-elle s'opérer ? Le texte est encore ici insuffisant. Il exige la délibération d'une assemblée générale représentant la moitié au moins du capital social, un vote de cette assemblée pris à la majorité des voix, conformément à l'article 31 de la loi du 24 juillet 1867. Or les commandites par actions ne sont pas soumises à cet article 31, les sociétés en nom collectif ou en commandite par intérêts ne comportent pas d'assemblée générale.

La difficulté n'est pas insoluble. L'article 31 s'occupe des conditions sous lesquelles les statuts peuvent être modifiés. Par analogie, on exigera pour la transformation d'une commandite civile par actions ou par intérêts, d'une société civile en nom collectif les conditions exigées pour qu'une modification aux statuts puisse être valablement faite. On se référera d'abord à l'acte de société. S'il ne contient pas de clause spéciale sur ce point, la commandite civile par actions pourra se transformer en commandite commerciale par le vote d'une assemblée réunissant un nombre quelconque d'actionnaires ; la commandite par intérêts, la société en nom collectif devront réunir l'assentiment de tous les associés (1).

(1) La Société ainsi transformée est soumise aux règles du droit commercial. Peut-elle encourir immédiatement la faillite, sans avoir accompli une seule opération commerciale ? Nous ne le pensons pas ; car la faillite est établie comme règlement d'un passif commercial, et non pas à raison de la seule qualité de la personne.

V. sur ce point Thaller, *Annales de Droit commercial*, 1894. Doctrine, p. 129 et suiv.

Lacour, note sous Paris, 10 juillet 1894 ; D. 95.2.105. *Contrà*, Lyon-Caen et Renault, *Revue du commerce et de l'industrie*, 1894, p. 148 et l'arrêt précité.

Wahl, note sous Paris, 10 juillet 1894 ; S. 1896.2, p. 57.

CONCLUSION

Nous avons essayé de décrire le régime des sociétés civiles considérées au point de vue de leurs rapports avec les tiers. Nous avons constaté que le
Code présente une réglementation de la matière très
pauvre et très obscure, mais qui s'explique et se fait
pardonner par un large renvoi aux principes du
droit commun. Les associés sont maîtres de leurs
statuts. Ils peuvent, usant de la liberté des conventions, adopter pour la marche de leur société toutes
les clauses qu'ils jugent utiles et ils n'ont d'autres
limites que les principes qui sauvegardent l'ordre
public et les bonnes mœurs.

La réglementation du Code est pauvre ; on doit
s'en féliciter, car elle n'apporte pas d'entraves à la
satisfaction des intérêts divers que peuvent avoir les
associés. On a été longtemps avant de s'apercevoir
de cette liberté qui était laissée par nos lois à ceux
qui voulaient fonder une société. On croyait qu'un
Code doit avoir tout prévu, qu'il pose des limites que
ne peut franchir l'initiative privée. Mais ce que
l'œil prenait pour des limites n'était le plus souvent
que des points de repère, indiquant les courants
que constatait le législateur et dont il permettait de

s'écarter puisqu'il plaçait au centre même de son œuvre le principe dominateur de la liberté des conventions.

Les associés n'osaient cependant s'en servir. Ils jetaient un regard d'envie sur ces sociétés commerciales qui pouvaient posséder des statuts si variés, et cette contemplation leur suggéra un stratagème. Ils espérèrent avoir la faculté d'emprunter ces statuts en se soumettant à toutes les charges qui pesaient sur les sociétés commerciales qui les adoptaient. C'est ainsi qu'on eut des sociétés civiles à forme commerciale. Mais la jurisprudence ne fut pas dupe de ce procédé ingénieux. Elle décida avec infiniment de raison que l'adoption d'une forme commerciale ne produirait d'effet que si elle ne heurtait aucun principe considéré comme d'ordre public en matière civile. S'ils reconnurent la personnalité des sociétés civiles à forme commerciale, établissant ainsi le droit exclusif des créanciers sociaux sur les biens de la société, les arrêts refusèrent d'admettre la limitation de responsabilité d'un associé civil à sa mise, en prétendant qu'elle était contraire à des textes de droit civil tels que l'article 2092. Nous nous sommes élevés contre ces manières de voir. Nous avons essayé de montrer que les sociétés civiles ne jouissaient pas de la personnalité morale, mais qu'on ne devait pas pour ce motif leur enlever les avantages que leur aurait donnés la personnalité morale. Il fallait rechercher si ces avantages ne résultaient pas de principes certains de notre droit, et nous pensons avoir établi que ces principes existent.

Le droit des créanciers sociaux sur les biens de la société provient de la création du patrimoine social lui-même, constitué pour un temps et ce n'est là qu'une pure application des principes de la copropriété inscrits dans les articles 815 et 883. Nous avons vu aussi que la volonté des associés peut user des règles du mandat, formuler toutes les clauses nécessaires à l'administration de la société, même celles qui sont relatives à la représentation en justice de tous les associés par un seul d'entre eux.

Enfin, pour donner satisfaction au désir des associés civils de monter leur société en commandite ou d'une manière générale d'adopter des clauses de responsabilité limitée, nous avons prouvé que le contrat de commande est licite et connu de notre droit civil, et nous avons établi que tout mandant peut faire connaître dans la procuration l'étendue des garanties qu'il entend affecter à sa dette, que les restrictions qu'il apporte à la responsabilité générale édictée par l'article 2092 sont valables et qu'elles sont opposables aux tiers en vertu des principes du mandat.

La jurisprudence refusait d'admettre ces conclusions, et cependant les sociétés civiles à forme commerciale devenaient de plus en plus nombreuses. La loi du 1ᵉʳ août 1893 décida que les sociétés civiles pouvaient se monter en commandite ou adopter la forme anonyme. Elle tranchait ainsi toutes les controverses.

Mais, en déclarant que les sociétés de ce genre seraient commerciales, cette loi eut une portée immense. Elle venait compléter encore le système de liberté que nous avons constaté pour nos sociétés civiles. Avant 1893, elles étaient, selon nous, libres de composer leurs statuts comme elles le jugeaient convenable. Aujourd'hui, elles peuvent à leur gré se placer sous le régime commercial ou sous le régime civil, en adoptant une forme commerciale ou en se donnant des statuts qu'elles n'organiseront pas dans une forme.

La situation telle qu'on la prétendait établie autrefois est renversée. Jadis on gémissait sur les imperfections que présentait la réglementation des sociétés civiles et l'on admirait la sollicitude du Code de commerce pour leurs rivales. Il est impossible de rêver un régime plus bienveillant et plus libéral que celui que la loi de 1893 accorde aux sociétés civiles.

En l'état actuel que reste-t-il à souhaiter du législateur? Une réforme et non des moindres. Il serait désirable qu'on abandonnât des idées de fiction comme celles de la personnalité des sociétés qui chargent notre droit d'abstractions inutiles.

Pourquoi ne pas admettre l'évidence des faits ?
Une société n'est pas un être fictif, elle est un être
véritable, une entité vivante. Que l'on dise que la
société est un être comparable à l'homme composé
de cellules, d'organes, avec une volonté propre, c'est
peut-être faux. Que l'on prétende au contraire comme Ihering que la croyance à l'existence de la société
distincte de celle de ses membres n'est que le résultat d'une illusion, que la société n'existe que dans la
pensée de ceux qui traitent avec elle, cette illusion
est tout au moins un fait dont il faut tenir compte.
La conscience qu'auront les tiers d'entrer en rapports avec une collectivité, avec un corps semblable à une personne vivante ne vaut-elle pas tout
autant pour eux que le fait de traiter avec un corps
humain ? D'ailleurs cette conception est-elle vraiment une illusion ? L'homme est-il donc la seule
unité juridique qui se puisse concevoir ? Ce serait
une idée bien mesquine. L'homme est un sujet de
droits parce qu'il est une force permanente capable
de s'approprier les biens contenus dans le monde.
Les différentes forces de ce genre entrent en lutte
dans le champ des intérêts et c'est pour amortir leur
choc, pour rendre définitifs les résultats acquis, pour
rendre la vie possible en réglant les rapports de ces
forces que le droit est né, que la théorie de la personnalité juridique fut élaborée. Une association est
une force du même genre. Les tiers qui s'adressent

à elle en ont conscience. Qu'importe qu'elle soit formée d'un seul ou de plusieurs individus. L'homme est-il formé d'une seule cellule ?

L'association est tout aussi irréductible que l'homme par cela même qu'elle est une force. Qu'on augmente le nombre de ceux qui la composent, on n'altérera pas son essence. Elle existe, elle prend sa place dans la lutte des intérêts et pendant le cours de son existence, ses rapports avec le reste du monde doivent être réglementés. C'est une nécessité absolue. Qu'on lui refuse l'aptitude à être sujet de droit, c'est une affaire de législation et l'on n'agira pas autrement que les cités antiques vis-à-vis des esclaves. Mais qu'on l'admette à la vie et qu'on dise qu'elle n'est qu'une fiction, c'est une erreur contre laquelle il faut protester. Le législateur doit donc, et sa réforme aurait une portée immense, il doit admettre l'existence de l'association, lui accorder la personnalité juridique au même titre qu'à l'homme. En agissant ainsi, il aura rempli son rôle, il aura mis le droit en conformité avec les faits, reconnu les nécessités sociales de son époque, ouvert les voies de de l'avenir.

TABLE DES MATIÈRES

                                      Vu :
                          Le Président de la thèse,
                             E. THALLER.

          Vu :
       Le Doyen,
     GARSONNET.

                             Vu et permis d'imprimer :
                       Le Vice-Recteur de l'Académie de Paris,
                             GRÉARD.

Imp. G. St-Aubin et Thevenot. — J. THEVENOT, successeur, Saint-Dizier (Hte-Marne)